Annette Katharina

Mann gesucht - mich gefunden

Die Identitäten der Männer sind mit ihren Angaben so verändert worden, dass sie nicht erkennbar sind. Sollten dennoch irgendwelche Ähnlichkeiten vorhanden sein, so ist dies rein zufällig!

Mir ist bewusst, dass mein Text an einigen Stellen leider keine geschlechtergerechte Sprache beinhaltet. Hierfür bitte ich vielmals bei allen Frauen und Personen, bei denen das Geschlecht unbekannt ist, um Entschuldigung. Den Text habe ich zu einer Zeit fertiggestellt, in der ich mich noch nicht mit einer geschlechtergerechten Sprache befasst habe. Inzwischen habe ich viel dazu gelernt und werde in Zukunft versuchen, die Macht der Sprache diesbezüglich bewusster einzusetzen.

Inhaltsverzeichnis

Nach gestern zurückgehen wäre ja ganz unnütz, weil ich da jemand anders war (aus Alice im Wunderland)

Das Erwachen

Da stand ich nun in der Mitte meines Lebens, nein, eigentlich war der Zenit schon überschritten, denn schließlich kann ich nicht davon ausgehen, 100 Jahre alt zu werden. Doch in diesem Lebensabschnitt fand ich mich nun als Single vor meinem Spiegel wieder und fragte mich fast wie ein Teenager täglich, was kann ich vom Leben (noch) erwarten, was kommt auf mich zu und die für mich damals zu diesem Zeitpunkt dringendste Frage, gibt es noch einen passenden Partner, Mann, für mich, mit dem ich in Liebe und bis an mein Lebensende innig verbunden sein werde?

Ich werde nie vergessen, wie ich einige Jahre zuvor - noch unglücklich verheiratet und Tabletten einnehmend wegen meiner Herzrhythmusstörungen - im Büro einen Scheidungsantrag schrieb, der mein Leben mit veränderte, denn er weckte in mir einen Gedanken, den ich nie mehr loswerden sollte. Ich hatte schon viele Scheidungsanträge in meinem Berufsleben geschrieben, aber das Besondere an dieser Scheidung war, dass die Antragstellerin 72 Jahre alt war. Und als ich die mir diktierte Begründung der Scheidung tippte, wurde ich immer nachdenklicher, war es doch fast eine Beschreibung meiner damaligen Ehejahre. Ich weiß noch, wie ich innehielt und spürte, dass mir diese Darlegung naheging.

Konnte es sein, dass ich mich mit meinen zu jener Zeit 47 Jahren zu alt fühlte, mein Leben zu ändern, eigentlich dabei war, mich selbst aufzugeben und ich diese über 20 Jahre ältere Frau bewunderte, ja eigentlich beneidete? Hatte sie nicht recht, es ist nie zu spät Dinge zu regeln, damit das Herz wieder richtig schlägt? Ist es nicht nie zu spät für einen Neuanfang?

Ich lebte damals das Leben einer dreifachen Mutter, Ehe- und Hausfrau, übte seit 17 Jahren meinen Beruf nicht mehr aus, wir wohnten noch zu fünft in einem Einfamilienhaus und ich war seit einigen Jahren dabei, stundenweise – ich wollte auch weiterhin noch für die Familie da sein – wieder die Tätigkeiten meines Berufes auszuführen. Ich hatte schon länger das Gefühl, dass sich irgendetwas ändern muss und ich nur die Möglichkeit hatte, bei MIR anzufangen.

Es folgten mühevolle Jahre in jeder Hinsicht: keine Urlaube, keine Kino-, Restaurant- oder Theaterbesuche. Treffen mit Freundinnen waren auf ein Mindestmaß geschrumpft, für all das hatte ich weder Zeit noch Geld und auch keine Gelegenheit. Die Sommerzeit, wenn andere ihren Urlaub genossen, habe ich genutzt, um vertretungsweise zusätzliche Stunden arbeiten zu dürfen, meine Chance, in meinen Beruf wieder anzukommen. Aber es war in Ordnung so, denn mein neues Denken – es kann nur anders weitergehen – gestaltete meine Tage zusätzlich mit so viel neuen Dingen, von denen ich dachte, diese nie mehr zu tun. Ich machte auf der Arbeit Überstunden, saß am Wochenende entweder bei Seminaren oder lernte allein auf der Terrasse, um beruflich wieder Fuß zu fassen mit dem Ziel, von meinem Gehalt leben zu können und das Geld der Überstunden sammelte ich für meine Scheidung an.

Ich hatte den beruflichen Wiedereinstieg nun hinter mir, war inzwischen finanziell unabhängig von allem geworden und war nun auf der Suche nach der romantischen Liebe, die aber auch in eine Partnerschaft münden sollte, also auch eine realistische Liebe für die zweite Lebenshälfte, und so stand ich rechtskräftig geschieden mit 51 als Single wieder dem „Markt" zur Verfügung.

Bei mir war es ziemlich extrem, denn ich hatte meinen Ex-Mann bereits im Alter von 16 kennengelernt. Ich ging damals noch zur Schule und machte das Abitur, er war 18 Jahre alt und arbeitete bereits. Viel Zeit neben der Arbeit, die dann für mich auch im Alter von 19 Jahren begann, mit immer nur vier Wochen Urlaub im Jahr, verblieb mir nicht und nach zehn Jahren fragte mich mein Ex-Mann, ob wir heiraten wollen. Zu dieser Zeit wohnten wir schon länger zusammen, arbeiteten unter der Woche und trafen uns am Wochenende mit Freunden, kochten gemeinsam oder gingen essen oder auch zu Tanzkursen, Standard und Rock´n Roll, Auftritte inklusive. Im Winter fuhren wir die letzten Jahre, bevor wir unsere Kinder bekamen, in den Skiurlaub, das märchenhafte Saas-Fee war unvergesslich wie auch unsere Sommerurlaube in den Süden nach Spanien oder auch mal nach Österreich in die herrlichen Berge.

Insgesamt waren wir 34 Jahre zusammen. Das letzte Jahrzehnt steuerte von Jahr zu Jahr mehr auf eine Trennung zu, war also bei weitem nicht mehr das schöne Familienleben, wie wir es vorher lebten. Ich bereue allerdings nichts, auch diese Zeit war wichtig, in der wir uns auseinander entwickelten, nach so langer gemeinsamer Zeit. Letztendlich war es ja vorher eine meist gute Ehe, aus der drei wunderbare Kinder hervorgingen – es kann also nicht alles falsch gewesen sein.

Ich hatte nach dem Abitur den Beruf der Rechtsanwalts- und Notariatsfachangestellten gelernt, in zwei renommierten Anwaltskanzleien insgesamt acht Jahre in Vollzeit gearbeitet, bevor ich meinen Job für meinen ersten Sohn aufgab, um rund um die Uhr für ihn da zu sein. Nach drei Jahren bekam ich noch ein Mädchen und vier Jahre später kam noch einmal ein kleiner Junge auf die Welt und wie die Hebamme damals so schön sagte, dieser sollte unbedingt noch sein! Es war in der Tat ein Wunder, denn Ärzte prophezeiten mir vorher, dass ich überhaupt keine Kinder bekommen könnte. Vor diesem Hintergrund war die 17 Jahre anhaltende Familienphase für mich eine Traumerfüllung, die für mich glücklichste Zeit meiner Ehe.

Ich war tatsächlich meinem Mann immer treu gewesen, eine Scheidung hätte mir wohl das Herz gebrochen, denn das Wohl meiner Kinder stand bei mir über allem. Aber die letzten Ehejahre brachten immer mehr den Bruch unserer Ehe zutage. Das Trennungsjahr begann und endete gemeinsam im Haus bis ich auszog. Unsere

Kinder wohnten noch bei uns, waren inzwischen aber groß, mein Jüngster war damals 17, mein Ältester 24 und meine Tochter 20 Jahre alt. Die Kinder nahmen die Nachricht unserer Trennungsabsicht wohlwollend auf, unsere Familienatmosphäre stimmte eben schon seit Jahren nicht mehr. So aber konnte jeder nun beginnen, nach vorne zu schauen und die entsprechenden Konsequenzen für das eigene Leben zu beschließen. So prekär die Jahre der Trennungsdurchführung auch waren, sie fühlten sich trotzdem so richtig für mein Leben an wie seit langem nichts. Seitdem ich wieder auf mein Herz hörte und den Gedanken an mein Alter und den Zweifeln an meinen Fähigkeiten keine Beachtung schenkte, schlug mein Herz bald wieder im Einklang, ich brauchte keine Tabletten mehr.

Unsere Generation hat es in dieser Hinsicht doch sehr viel einfacher, das Ruder im Leben noch einmal herumzureißen, wenn die Fahrt nur noch durch Stürme oder eben ohne jedes Windchen gar nicht mehr möglich wird oder gar die Fahrt auf einen Eisberg zusteuert.

Doch auch bei der Online-Suche geht es nicht immer so ganz in wunderbaren Winden voran, manchmal drohte mir unerwartet das „Überbordfallen“ und machte mich nicht nur auch sehr traurig, sondern wühlte mich auf und war nicht gleich für mich ad acta zu legen. „Mama, es ist nur ein Spiel“, sagte mir oft mein großer Sohn, investiere nicht so viele Gefühle. Doch ich sagte ihm, ohne Gefühle könne ich das gleich sein lassen. Bin ich tiefer verletzt, habe ich vorher auch größeres Glücksempfinden gehabt. Doch grundlegend Unrecht hat er nicht, der Einsatz darf nur so dosiert sein, dass man nicht daran zerbricht. Aber das ist wohl die Kunst des Lebens, die ich gerne beherrschen würde, dann würde mein Herz nie mehr verletzt werden. Aber ich weiß nicht mal, ob ich das so erstrebenswert fände, würde es doch schlicht bedeuten, auch nie am Herzen mehr berührt zu werden.

Die Möglichkeit der Online-Suche hätte bestimmt so manchen Großeltern ein anderes Leben ermöglicht. Meine Großmutter blieb, nachdem ihr Ehemann früh gestorben und ihr Verlobter, ein Pilot, nicht mehr aus dem Krieg heimkehrte, ihr Leben lang allein. Sie war eine taffe, sehr gut aussehende Geschäftsfrau, sehr diplomatisch, als Nesthäkchen mit zwei großen Geschwistern, einem Bruder und einer Schwester, aufgewachsen kannte sie die Menschen und ich hing sehr an ihr. Ich fragte mich oft - sie selbst kann ich leider nicht mehr fragen - warum sie ihr ganzes späteres Leben allein blieb. Manchmal denke ich, dass ihr Leben vielleicht anders verlaufen wäre, hätte sie die Möglichkeit von Online-Plattformen gehabt.

Oder liegt gerade hier der Irrtum? Die Online-Suche beeinflusst das eigene Leben nicht mehr oder weniger als man es in seinem Leben zulässt und auch will. So ganz bewusst war mir das nicht, als ich mich auf die Suche begab.

Vorher war ich jedenfalls dabei, mich selbst aufzugeben, was letztendlich die Situation nur verschärfte, dass wir nach so vielen gemeinsamen Jahren nicht mehr zusammengepasst haben. Die Trennung hat viel Kraft und Energie gekostet, aber als sie dann vollzogen und der Gerichtstermin vorüber war, kamen vorher ungeahnte Kräfte hinzu, die meinem Leben eine neue Dimension verliehen. Nichts war wie vorher, alles anders und alles neu. Ich denke, dass es sehr wichtig für mich war zu erkennen und zu respektieren, dass unsere gemeinsame Zeit auch seinen Sinn hatte, dass nichts umsonst war und alles seine Zeit hat.

Dieses Gefühl, mit sich im Reinen zu sein und voll Versöhnung auf die Vergangenheit zu blicken, auch liebevoll mit den eigenen Fehlern umzugehen, Verständnis für das Verhalten des anderen aufzubringen, halte ich bei einen Neustart für sehr wichtig. Jede unverheilte Verletzung ist selbst beim Erst-Date noch für den anderen - meist unangenehm - spürbar, sei es nur durch Gesten oder kurze Kommentare, das hab ich selbst erlebt.

Obwohl ich nichts bereute und meine Kinder nun erwachsen waren und wir ein inniges Verhältnis hatten und ich inzwischen wieder versiert in meinem Beruf arbeitete, was ein extra Buch füllen würde, diesen Weg zu beschreiben, ich also völlig unabhängig und frei nun war, musste ich jetzt jedoch feststellen, dass ich diesen Umstand mit punktuell auftauchender Einsamkeit bezahlte, die sich heftig und manchmal so traurig anfühlte, dass es sehr schwer auszuhalten war. Das hochgepriesene Singleleben, in welchem man tun und lassen kann, was man möchte und frei und ungebunden niemanden Rechenschaft ablegen muss, erforderte von mir höchste Disziplin, um mit der Einsamkeit umzugehen, die mich manchmal von einer Minute auf die andere unangemeldet so heftig übermannte, dass ich fast drohte, daran zu zerbrechen.

Es fühlte sich für mich zudem latent wie ein Mangel an geschieden zu sein, offiziell zu niemanden zu gehören. Einmal wollte ich mich bei der Tanzschule anmelden, um Tango tanzen zu lernen. Doch man teilte mir in unpersönlicher und keinesfalls kundenfreundlicher Manier mit, dass in dem Kurs „selbstverständlich nur Paare" teilnehmen können. „Ok", antwortete ich, „dann such ich mir erst einmal einen Mann, bevor ich bei Ihnen Tangotanzen lernen darf". Eisige Zustimmung schlug mir telefonisch entgegen, mein Galgenhumor kam bei dieser Frau nicht an. Ich hatte ja schon vorgehabt, auch die Kursgebühr zu entrichten.

Als Single ist man oft ausgeschlossen, was vielen nicht bewusst ist, die das so noch nie erlebt haben. Doch da meine Beziehung vorher mir nicht mehr gut tat und die insgesamt für mich nun positivere Situation, dass ich jetzt gesund war und meine Stärken wieder spüren konnte, gaben mir Kraft und ließen mich die Momente der schlimmsten Einsamkeit überstehen. Wenn es nicht auszuhalten war und der Moment ungünstig, um meine glücklich verheirateten Freundinnen oder meine ebenfalls in Beziehung lebenden Kinder oder Mutter anzurufen und mich absolut nichts in diesen Augenblicken trösten konnte, dann rief ich eine Frau zum Kartenlegen an. Ich wusste selbst, das ist nur ein Spiel, was sogar Geld kostet. Aber andere gehen auf den Rummel und fahren Geister- und Achterbahn, geben so ihr Geld aus für Spaß und ich, ich leiste mir das Vergnügen, mir die Karten legen zu lassen. Denn in solch übler Verfassung half auch kein Lesen mehr, ich war nicht fähig, mich in ein Buch vertiefen zu können und auch nichts anderes konnte mich mehr ablenken. Ich hatte den Drang, etwas „Unvernünftiges" zu tun („Mama, was machst du für einen Quatsch, ruf mich doch lieber an!"), ein Spaziergang wäre nur mit lautem Schreien einhergegangen. Aber nach einem zehnminütigen Gespräch ging es mir meist besser, ich hatte das Schlimmste überwunden und sah wieder nach vorne. Obwohl die letzten Ehejahre schlecht verliefen, sprachen wir trotzdem noch über die Kinder oder Notwendigkeiten, die das Haus und unsere Konten betrafen, saßen Weihnachten und Silvester an einem Tisch, zwar weiter entfernt, und im Haus war eines der Kinder doch immer da, oft brachten sie auch Freunde mit. Und selbst wenn ich allein war, wusste ich, es kommt nachher jemand nach Hause.

Eigentlich genieße ich auch das Alleinsein, liebe das Lesen und Schreiben, merke dabei nicht, wie die Zeit verfliegt, doch eine gefühlte Einsamkeit ist hierzu eine schlechte Grundlage. Im Haus noch war ich so mit meinem Leben, dem beruflichen Wiedereinstieg, dem Versorgen unserer fünfköpfigen Familie beschäftigt, dass ich mir eine andere Partnerschaft zu diesem Zeitpunkt überhaupt noch nicht hätte vorstellen können.

Meine Kinder waren inzwischen zu wunderbaren Menschen herangewachsen, sie lebten bereits ihren eigenen Alltag mit ihren Partnern, ihrem eigenen sozialen Umfeld und meine Rolle als Mutter war zu einer Nebenfigur geschmolzen, denn die Selbstständigkeit meiner Kinder hatte ich immer angestrebt eben in dem Bewusstsein, dass ich nicht immer an ihrer Seite sein kann und darf.

Probleme, dass sie eines Tages über mich hinauswachsen werden, hatte ich noch nie. Im Gegenteil, es ist eine erquickende Korrelation, eine Wechselwirkung, an der auch ich ja wachsen durfte und es noch immer darf.

Aber nun wohnte ich als Single das erste Mal in meinem Leben überhaupt allein in meiner eigenen Wohnung. Umso heftiger war aber auch mein Wunsch nach einer Schulter zum Anlehnen, Halt, Geborgenheit und Liebe, natürlich auch in körperlicher Hinsicht, in all den Punkten war ich auch schon vor der Scheidung seit Jahren allein.

Ich war also auf der Suche!

Immerhin war es auch bis hierhin ein Weg. Ich hatte mich vorher unglücklich verliebt in einen liierten Mann.

Obwohl diese Erfahrung viele Tränen und Kummer von mir erforderte, bin ich trotzdem im Nachhinein froh darüber, denn ich erwachte damit aus einem Schlaf mit vorher nicht mehr gehabten Hoffnungen, Wünschen und Träumen an das Leben, mein Leben als Frau wurde wieder lebendig. Es entstanden wunderschöne Gedichte, die ich nur in dieser Situation schreiben konnte, dies ist meine Art der Verarbeitung. Nach dieser Erfahrung wollte ich nichts mehr dem Zufall überlassen. Ich wollte die Suche nach der Liebe selbst in die Hand nehmen und fing an, Kontaktanzeigen in der Zeitung zu sichten.

Ich hatte auch tatsächlich zwei sehr nette Männer persönlich kennengelernt und mit einigen telefoniert, aber nach meiner Ehesituation gleich eine enge Bindung zu ihnen aufzubauen war mir damals unmöglich. Es war zudem kein Mann dabei, der auch nur ansatzweise mein Herz erobern konnte. Im Kopf war ich wahrscheinlich noch nicht frei, die unglückliche Liebe blockierte mich. Ein Telefonat blieb mir besonders in Erinnerung. Die Anzeige beinhaltete einen weisen Spruch („Überlege genau, was du willst, denn es könnte sein, dass du es bekommst."). Wow, dachte ich damals, was für ein tiefgründiger Mann, den will ich unbedingt kennenlernen! Unser langes Telefonat verlief so, dass ich mir schwer vorstellen konnte, dass dieser Mann solch einen Spruch als Anzeige schaltete. Und als ich dies tatsächlich mutig hinterfragte, gestand er mir, dass dies die Idee seiner Mutter gewesen sei, die ihm auch die Anzeige spendiert habe. Eigentlich auch irgendwie herzig, doch suchte ich ja keine tolle Schwiegermutter.

Insgesamt verging viel Zeit bei Zeitungskontakten, viele Tage, an denen man nicht wusste, ob überhaupt je eine Antwort kam. Die Weiterleitung meines Schreibens an die Empfänger über Chiffre-Nummer dauerte eben und ich beließ es immer mehr nur beim Anzeigen-Lesen.

In dieser Zeit musste ich mich zwangsläufig damit auseinandersetzen, was ich für ein Mensch bin, was wollte und suchte ich? Sollte ich selbst eine Anzeige schalten? Ich schrieb viele Entwürfe, aber ich brachte keinen zu Ende, bei dem ich dachte, hier würde mich jeder richtig verstehen. Wenige Worte ließen immer Spielraum für Missverständnisse. So ließ ich es.

Was für ein Mensch bin ich?

Was will ich?

Eigentlich müssten das auch meine Mitmenschen beschreiben. Schließlich ist die Selbstwahrnehmung oft weit von dem entfernt, was man von sich selbst denkt. Aber die ureigenste Wahrheit kennt man eben doch nur selbst, wenn man mal ganz ehrlich zu sich ist.

Ich denke jedoch, dass ich mich als sehr zuverlässig beschreiben darf. Ehe ich Versprechungen mache, habe ich so manchen Menschen schon bereits verletzt. Wenn ich nicht hundertprozentig weiß, ob ich mein Versprechen auch einhalten kann, wird es mir nicht über die Lippen kommen. Meine Kinder, meine Freundinnen, meine Familie kennen mich schon und würden dies bestimmt bestätigen. Ich biete nicht im ersten Überschwang Hilfe an, ich schaue erst einmal, was ich überhaupt tun kann.

Grundsätzlich ist dies doch keine schlechte Eigenschaft, diese Zuverlässigkeit – ich wäre die Letzte, die bei großen Schwierigkeiten den Partner im Stich lassen würde – und doch ist sie in dem Maße auf der Profilseite kaum darstellbar. Keine Versprechungen machen zu wollen, ist bei der Online-Suche sogar fast hinderlich. Es verschreckt bei der Vorkorrespondenz, die nötig zur Klärung ist, ob es ein Telefonat oder gar ein Treffen gibt, jedenfalls nicht selten auch die Männer, die selbst ein bisschen Zuspruch brauchen und genau wie ich lieber erst einmal zurückhaltend sind, weil sie keine falschen Versprechungen machen möchten.

Ich lebe sehr oft bewusst im Augenblick, was sicher auch mit meiner Kindheit zu tun hat und zusätzlich auch typbedingt ist. Meine Mutter war nach ihrem Abitur examinierte Krankenschwester geworden und arbeitete als Schwester in einem Kinderkrankenhaus und später als Gemeindeschwester. Sie war sehr engagiert und rief unter anderem Gruppen mit ihrer Betreuung ins Leben, die Müttern mit behinderten Kindern stundenweise die Möglichkeit gab, auch mal ohne ihr Kind Einkäufe erledigen oder nur die eigenen Kraftreserven wieder auftanken zu können. Der Umgang mit den schwerstbehinderten Babys und Kleinkindern prägte mich in meiner Kindheit. In der Grundschulzeit ging ich zum Mittag zweimal die Woche bei den von meiner Mutter betreuten Kindern essen und blieb meist dort, bis sie von ihren Müttern wieder abgeholt wurden. Die Kinder selbst, die Erzählungen der Mütter über die Krankheitsleiden der Kinder und die Beerdigungen der bereits Verstorbenen machten mir schon als Kind deutlich, dass mein Leben wie ich es lebte, nicht selbstverständlich war.

Ich genoss Ballettunterricht, ging in den Chor, lernte C- und F-Flöte und der Klavierunterricht, den ich umsonst hätte bekommen können, weil ich so musikalisch war, scheiterte nur am Platz in unserer Wohnung für das Klavier. Ich vertrat die Grundschule bei Jugend trainiert für Olympia im Turnen sowie in der Leichtathletik. Die Bilder von meinen Sporterfolgen hingen noch im Foyer der Grundschule, als mein Neffe darin eingeschult wurde. In der sechsten Klasse war ich die Schulschnellste, lief also auch schneller als die Jungens und sprang über 4,50 m weit.

Ich hatte das Sportler-Gen meines Vaters geerbt. Mein Vater konnte sich noch im Alter auf den Armlehnen des Gartenstuhles ohne Mühe hochstemmen, die ausgestreckten Beine dabei vor sich in der Luft, die er dann langsam von vorne nach hinten heranzog bis diese über ihm einen Handstand auf den Armlehnen darstellten, dass einem die Luft beim Zuschauen stockte. Er machte das, um fit zu bleiben. Er war gelernter Bauschlosser und nach dem Abitur, welches er sechs Jahre auf der Abendschule neben der Berufsausübung nachholte, Konstrukteur.

Bevor ich in die Schule kam, konnte ich auf von meinem Vater selbstgebauten Stelzen durch den Garten flitzen und war gewohnt, auf einer so hohen Schaukel zu schaukeln, wie sie in keinem anderen Garten zu finden war. Auch diese hatte mein Vater selbst gebaut und nicht selten wurde sie von mir als Riesenklimmstange oder Kletterbaum zweckentfremdet.

Ich habe in dieser Hinsicht viel von meinem Vater übernommen und Bewegung ganz bewusst in meinem Alltag eingebaut. Ich fahre sehr viel mit dem Rad und atme gerne die Luft draußen ein. Ich bin noch immer ziemlich gelenkig und tanze auch, wenn gerade ein schönes Lied im Radio ertönt, durch meine kleine Zwei-Zimmer-Wohnung oder früher durch unser Haus, teilweise zur damaligen Belustigung meiner Kinder. Manchmal tanze ich auch mit langsamen einst gelernten Ballettbewegungen und bin froh, dass mich ein Mann jetzt so nicht unbedingt sehen muss. Ich tue das für mich aus reiner Freude an den Bewegungen. Ich singe auch oft auf dem Weg zur Arbeit auf meinem Rad, wenn mir niemand entgegenkommt und genieße den Augenblick. Der Weg führt nur an Feldern und Bäumen und einem Teich vorbei. Dank den Landschaftsarchitekten! An wunderschönen Tagen vergesse ich für einige Momente glatt, dass ich auf den Weg zur Arbeit bin und das in Berlin!

Ich bin nicht immer so ganz bodenständig und kann mich geistig richtig „wegbeamen“. Wie stellt man das auf einer Profilseite dar, um nicht gleich als durchgeknallte Lady mit einem Kopfschütteln sofort weggeklickt zu werden?

Die Menschen, die mich Jahrzehnte kennen, wissen aber, dass ich sehr wohl auch bodenständig leben und handeln kann, wenn es das Leben erfordert, notfalls sogar mit dem Geringsten. Wenn es die Umstände erfordern, kann ich mit sehr wenig in jeder Hinsicht auskommen. Ich muss allerdings ein Ziel oder eine Vision vor Augen bzw. im Kopf haben, sonst stehe ich Situationen, die einem viel abverlangen, nicht so gut durch und brauche dann doch die eine oder andere Ersatzbefriedigung in kleinerer (z.B. Schokolade) oder größerer Form (Kleidung, Zuspruch, Urlaub) oder aber werde tatsächlich krank.

Meine Freundin Nathalie, die mich seit dem fünften Lebensjahr kennt, meinte mal zu mir, ich sei der bescheidenste Mensch, den sie kenne.

Ich selbst sehe mich gar nicht so. Ist es nicht geradezu egoistisch, seinen Weg oder seine Vorhaben so zu verfolgen, dass die anderen Dinge gerne geopfert werden? Und wenn vielleicht auch nicht immer gerne, aber dennoch findet der Verzicht mit dem Wissen des Warums statt und ist dem Bewusstsein geschuldet, dass ich könnte, wenn ich denn wollte, aber ich will etwas anderes. Ist das bescheiden? Ich denke eher nicht. Jedenfalls empfinde ich mich nicht so, sondern bin zutiefst dankbar für alles, was ich habe und erleben durfte bisher in meinem Leben. Im Gegenteil, ich fühle mich reich beschenkt. Würde man das auf einer Profilseite versuchen zu beschreiben, würde jeder denken, man hätte nicht alle Zacken in der Krone.

Denn auf der Profilseite kann ich keine großen Reisen in die Ferne oder Lieblingsrestaurants vorweisen, bin weder die tolle Anwältin oder Zahnärztin, noch kann ich von großen Familiendramen berichten. Meine letzten Lebensjahre stellen sich nach außen hin wohl eher langweilig dar.

In gewisser Hinsicht bin ich auch eine stolze Frau. Ich habe von meinem Ex-Mann nie einen Cent Trennungsunterhalt verlangt und auch nicht bekommen. Ich wollte unabhängig sein, niemandem etwas schulden. Ich habe mich in den Beruf wieder eingearbeitet, viele Kröten geschluckt, zwangsweise nicht wenige meiner inzwischen anders erworbenen Fähigkeiten zurückgeschraubt, um für die Dinge in der Arbeitswelt offen zu sein, die mir wegen der Familienphase größtenteils verloren gegangen waren. Ich arbeitete auch eine Zeitlang jeden Samstag - zu dieser Zeit hatte ich notgedrungen eine Sechs-Tage-Arbeitswoche wegen meines geringen Verdienstes - bei einer ehemaligen Ministerin als Privatsekretärin. Dies war eine echte Karrierefrau, die mir aber großen Respekt und Anerkennung entgegenbrachte. Sie hatte mich über eine Anzeige im Tagesspiegel ausgesucht, genau wie meine drei ersten Arbeitgeber, über eine Anzeige im Tagesspiegel bin ich ausgewählt worden, ohne Beziehungen und mit meinen selbst formulierten Bewerbungen.

Ich kann mich eigentlich auch sehr gut hinten anstellen und zolle jedem anderen Menschen großen Respekt für etwas, was er leistet, was ich so nicht kann oder tue, egal um welche Arbeit es sich handelt. Ich hatte neben der Politikerin auch andere großartige Arbeitgeber: Innen, die mich unterstützten und mich mehr in den Beruf einbinden wollten als mir selbst recht war, weil sie so sehr für ihre Tätigkeiten brannten. Mich dort immer wieder abzugrenzen, weil der Beruf für mich nur zum Geldverdienen dient und keine Berufung für mich ist, wurde aber nicht immer mit Verständnis aufgenommen. Für mich sind Akademiker nicht per se die besseren Menschen. Ich betrachte den Menschen immer in seiner Gesamtheit und ich bin auch nicht automatisch von jemandem begeistert, nur weil er vermögend ist. Ich bin - im Berufsleben natürlich schon eher - nicht käuflich, was sich für mich, wenn ich darüber so nachdenke, manchmal erschwerend auswirkt. Wenn eben beide kein Auto besitzen und ich nachts in Pumps versuche mit dem Mann Schritt zu halten und nicht weiß, was mir gerade unangenehmer ist, der Zehenschmerz oder das Aushalten des Frierens oder – noch schlimmer – wenn dazu noch das Verlangen kommt, auf die Toilette zu müssen. Da kommen mir schon Gedanken hoch, wie vorteilhaft es doch wäre, wenn er oder ich doch ein Auto besäßen. Aber mich bringen Gedanken an Menschen, die weder Pumps noch die Möglichkeit haben, in Frieden in der Nacht durch die Straßen zu laufen, immer schnell wieder in Einklang mit meinem Wohlgefühl. Meine Fußschmerzen identifiziere ich schnell als Wohlstandsgehabe und überhaupt würden Leute im Rollstuhl mich um meine momentanen Sorgen wohl beneiden.

Das schnelle Abrufen solcher Gedanken - ich empfinde das als bewusst leben - muss wohl tatsächlich auch mit meiner Kindheit zu tun haben. Meine kleinen – für mich damals riesengroßen – Kindersorgen besänftigte meine Mutter oft damit, dass es den anderen Kindern woanders sehr viel schlechter ginge und sie erzählte mir die Beispiele aus der Krankenstation. Später erlebte ich die Kinder ja selbst und die Bücher meiner Mutter in unserem Wohnzimmerregal mit Ablichtungen der kranken Kinder, welche ich heimlich öfter mal inspizierte, waren der bildhafte Beweis für meine glückselige Gesundheit. Früher war es manchmal sehr schwer zu ertragen. Ich nehme meiner Mutter nichts übel, sie hat nicht gewusst, dass man die Kinder da abholen muss, wo sie eben gerade stehen. Aber je älter ich werde, umso dankbarer bin ich, dass sie diese Sensibilität für das Wesentliche bei mir doch geschärft hat. Ich habe eben früh gelernt, dass nichts selbstverständlich ist und mit ihrem Leben, in welchem sie immer mehr Zeit für die Kranken als für die eigenen Kinder – schließlich waren die gesund – hatte, zeigte sie mir auf, dass ich mit vielem doch alleine klarzukommen bzw. zu funktionieren habe. In meinem Fall ist alles gut ausgegangen, jedenfalls fühle ich mich gut und das ist wohl die Hauptsache.

Ich hatte bis zur Pubertät auch eine im Großen und Ganzen glückliche Kindheit, geprägt von immer aufregenden Kindergeburtstagen, Adventskalendern mit tollen Geschenken, Ballett- und Flötenunterricht, Chor mit Auftritten, Häkeln und Stricken, Schreiben und vielen Büchern, vielen Brieffreundschaften, die mich in den Ferien auch besuchen und viele Tage bei uns wohnten durften, jahrelanges Turnen, wundervolle Urlaube auf Mallorca und Ischia, Reiterurlaube in Österreich und unzähligen Zoobesuchen und Ausflügen zu den Berliner Sehenswürdigkeiten oder Attraktionen wie das Oktoberfest und so vieles mehr.

Mit fünfzehn Jahren hörte ich mit dem Turnen auf, leider von einem Tag zum anderen. Vom Abtrainieren sprach damals niemand und die Folgen der für mich nun fehlenden Glückshormone, die der Sport ja bekanntlich an den Körper sendet und der altersbedingten Hinterfragung des Daseins ließen mich in ein tiefes Loch der Traurigkeit fallen. In diesem Zustand lernte ich meinen lebensfrohen Ex-Mann kennen, wunderbares Schicksal.

Auf der Profilseite geht es nun darum, die vielen Facetten eines Menschen, in dem Falle von mir, in wenigen Worten darzustellen. Der Mensch ist doch, wie er ist und sucht ein wirklich passendes Pendant.

Drei Eigenschaften dürfen nur in der Überschrift genannt werden. Ich wollte weder „sportlich" anklicken, um nicht den Eindruck einer Frau, die Besuche in das Fitnessstudio oder die Interessen an ihrem Sportverein auf der Prioritätenliste ganz oben zu stehen hat, zu erwecken. Auch hatte ich Angst, dass sich letztendlich hier die falschen Männer, die mit mir ihren abendlichen Waldlauf gemeinsam erleben wollen, melden. Noch wollte ich „junggeblieben" angeben, was ich auf die Tatsache stützen würde, dass mich sehr viele Menschen für jünger einschätzen. Aber unter Druck möchte ich mich eben auch nicht setzen und kommt das nicht auch ein bisschen überheblich daher, an manchen Tagen fühle ich mich eben auch erheblich älter. Männer haben da oft weniger Berührungsängste, so viele sind „junggeblieben“ und „gutaussehend“, was ich selbst so auch nie anklicken würde, denn ist nicht alles eine Frage des Geschmackes? Ich denke, hier kann man sich auf die Fotos verlassen, die man hochlädt und die die anderen selbst beurteilen sollen.

Und wenn ein Mann „erfolgreich“ unter den drei wichtigsten Eigenschaften seiner Person angibt, gibt mir das gleichermaßen zu denken. Wie sagte doch Albert Einstein so passend: „Versuche nicht, ein erfolgreicher, sondern ein wertvoller Mensch zu sein“. Melden sich nicht da auch vermehrt Frauen, die natürlich ebenfalls auf sein Geld Wert legen? Eventuell ist das auch gewollt, aber will ich denn so einen Mann überhaupt, der das Risiko, dass es einer Frau nur um Geld und Prestige geht, gerne in Kauf nimmt oder sogar sucht?

Aber bestimmt ist das auch ein „Problem“ meinerseits, dass ich Worte und Sätze so gewichtig nehme und die Entscheidung über die Wahl der Sätze mir schwerfällt, weil ich spätestens beim Schreiben dann versuche, alle Missverständnisse auszuschließen, was meist unmöglich ist. Die Dinge können eben nie zu Ende gedacht werden und wo ist der Schlusspunkt, den man darstellen will? Denn ein Satz lässt immer verschiedene Interpretationen zu und das ist vielleicht auch ein großer Nachteil beim schriftlichen Erstkontakt. Aber dafür gibt es ja das Erst-Date, wenn es denn dazu kommt.

Natürlich ist das auch die Schwierigkeit beim Schreiben eines Buches, aber ich habe das inzwischen akzeptiert und nehme es in Kauf, dass es ein „Zu-Ende-Denken“ nicht gibt, das Leben geht mit jedem Tag neu weiter und jeder Tag bringt neue Gedanken, aber hier will ich ja vorrangig von den Erst-Dates berichten und jeder Mensch liest etwas anderes aus meinen Erzählungen, so ist das eben. Ich will das Buch trotzdem schreiben, auch um den anderen Singles ehrlich darzulegen, wie es so bei mir verlaufen ist. Eine Frage, die eigentlich bei jedem Treffen früher oder später auftauchte: Wie lange bist du schon auf der Suche, wie ist es dir bisher ergangen?

Meine vielen Gedanken haben mich schon immer zum Schreiben gebracht. Ob es sich als Kind mit vielen Brieffreundinnen (ich besaß sogar echten Siegellack mit einem Siegel und war immer mit den allerschönsten Briefpapieren eingedeckt) oder sogar mit Geschichten an die Zeitung, welche auf der Kinderseite veröffentlicht und mit Gutscheinen honoriert wurden, oder ob es sich als Jugendliche in vielen Gedichten und Liedertexten niederschlug, Schreiben gehörte schon immer zu meinem Leben. Nach jedem Urlaub hatte ich eine Freundin mehr, mit der ich regelmäßig Briefe tauschte, manchmal raste ich dreimal am Tag zur Post, um Briefe auf den Weg zu schicken. Meine längste Freundin außerhalb Berlins, der ich mit nur fünf Jahren am Anfang Karten mit großen Buchstaben schrieb, zählt noch immer zu meinen Freundinnen, wobei uns hier heute das Handy hilft, uns nicht aus den Augen zu verlieren. In den letzten Ehejahren hatte ich auch mehrmals meine Meinung an den Tagesspiegel - Kommentare zu erschienenen Berichten - geschrieben und alle wurden prompt gedruckt und veröffentlicht. Früher war ich in der Tat auch sehr introvertiert und konnte die Aufmerksamkeit, die meine Person – damals allein wegen meines Äußeren nur, – entfachte, nicht gut verkraften. Oft habe ich mir ein Mauseloch herbeigesehnt, was leider nie erschien.

„Emma, Emma“ riefen die Jungens hinter mir her und mir war es nur peinlich und unangenehm, denn sie verglichen mich mit der Emma Peel aus der Serie „Schirm, Charme und Melone“, die schließlich eine erwachsene Frau war, und ich war noch lange nicht so weit. Heutzutage haben so viele Mädchen in dieser Hinsicht viel mehr Selbstbewusstsein und können Komplimente solcher Art wohl besser verkraften, vermute ich jedenfalls. Denn es scheint, als könne es vielen gar nicht schnell genug gehen mit dem Erwachsenwerden, wenn ich erlebe, wie professionell geschminkt sie manchmal schon in so jungen Jahren sind und nicht sehen, dass die Natur ihnen in ihrem Alter die Schönheit gratis bietet. Aber es ist auch eine Freude zu sehen, wie sie ihre körperlichen Entwicklungen betonen und fast feiern. Für mich war dies für meine Turnerei eher hinderlich und ich war in dieser Hinsicht ein Spätzünder und hielt lange an meinem Kindsein fest. Ich wurde so oft angesprochen und sogar mal in einem Fahrstuhl, als ich dann älter war, von einem älteren Ehepaar gefragt, ob ich denn eine Schauspielerin sei, so wie ich aussähe. Ich spielte dann auch die Schneewittchen-Rolle in einem von dem Betreuerteam selbst gedrehten Film während einer Jugendfreizeitfahrt. Das hatten die Kinder einheitlich beschlossen. In der Grundschule wurde ich Klassensprecherin und Schülerlotse, schneller als ich verstehen konnte und hatte vor jedem Einsatz Bauchweh. Aber ich versah immer zuverlässig meinen „Dienst“ und wäre nie auf die Idee gekommen, einfach nicht hinzugehen wie manch andere Mitschüler, die mir grundsätzlich den Dienst alleine überließen. Aber ich war auch bestimmt die schlechteste Klassensprecherin, die es je gab.

In der Oberstufe sprach mich ein Hobbyfotograf an, der die schönsten Aufnahmen machte, die es je von mir gab. Aber ich schaute mit recht traurigen Augen in die Kamera. Ich war 16 Jahre alt.

In den Jahren meiner Familienphase bin ich zusammen mit meinen Kindern gewachsen. Mich mündlich auszudrücken fällt mir inzwischen nicht schwer, ich bin nicht mehr introvertiert, aber doch eher zurückhaltend, kann aber auch – besonders wenn es nicht um meine persönlichen Belange, sondern berufsbedingt um Erledigungen oder um das Einsetzen für Schwächere geht – richtig durchsetzungsfähig sein und meine Äußerungen kundtun.

Manchmal stelle ich erstaunt fest, wie stark ich doch geworden bin, was mir auch manche Männer sagten, aber was natürlich nicht heißt, dass ich mich auch heute noch an schlechten Tagen einfach nur schwach fühle. All das macht es nicht gerade leicht, einen passenden Mann zu finden. Ich suche einen Mann, der mich nimmt wie ich bin mit allen praktischen und unpraktischen Eigenschaften und mit dem ich gemeinsam durch das Leben gehen und wachsen oder aber auch so gerne mal nach all den Jahren glücklich stehenbleiben darf, um gemeinsam zu genießen, auch, weil wir gegenseitig unsere eher unpraktischen Seiten einfach gerne in Kauf nehmen, weil uns eben beide das Band der Liebe verbindet.

Ich hab sogar inzwischen einen trockenen Humor bekommen, über den meine Kinder und Freundinnen lachen können, den aber manche Männer gar nicht erkennen, weil sie mir diesen nicht zutrauen. Und wenn ich dann merke, sie nehmen mich mit dem, was ich gerade von mir gegeben habe, ernst, weiß ich bereits, dass sie mich nicht auf Augenhöhe betrachten. Die Familienphase wird eben doch noch oft mit Vorurteilen beurteilt.

Ich bin für mein Alter - wenn ich mal vergleiche, was man ja eigentlich nicht soll, denn jeder Mensch hat sein eigenes Tempo, auch im Altern, - relativ fit und denke im Grunde auch nicht über mein Alter so nach, wäre da nicht die Suche nach dem Partner.

Memento mori – bedenke, dass du sterben musst – dieses Bewusstsein holt mich bei der Partnersuche doch noch vermehrt ein, hat mich eigentlich schon mein ganzes Leben begleitet, denn einen Lebensplan hatte ich nie, nie hätte ich gedacht, einmal so alt zu werden wie ich bin. Doch lebe ich zu meinem Erstaunen nun schon über fünf Jahrzehnte. Inzwischen habe ich daher angefangen zu hoffen, dass auch ich vielleicht mal alt werden würde, wobei ich dies nur auf meine Körperhülle beziehe; mit dem Geist hoffe ich ewig jung bleiben zu dürfen und lebe nach den Worten Ciceros: „Fange nie an aufzuhören und höre nie auf anzufangen". Wobei eventuell genau diese Bewusstseinsänderung - vom Leben etwas zu erwarten und es zu planen, was vorher so nie bei mir ausgeprägt war - bei mir nun dazu beigetragen hat, die Partnersuche vornehmlich mit dem Kopf vorzunehmen. Denn dieser wird auch schließlich als erstes beim Lesen der Profilseite gefordert, Bilder sieht man ja am Anfang nur verpixelt.

Die Anmeldung

Ich meldete mich eines Samstagabends ganz spontan – für mich typisch ohne vorherige Erkundungen einzuholen über verschiedene Plattformen - bei einer Online-Plattform an, nachdem ich von meiner Freundin Isolde kam, die mit ihrem Mann seit Jahrzehnten eine glückliche Ehe führt und ich in die stille Einsamkeit meines Wohnzimmers zurückkehrte. Ich hatte also nicht recherchiert, sondern ergriff die mir per Mail mit einer Werbe-Anzeige angebotene Möglichkeit, mein Singleleben zu beenden und folgte dem dort angebotenem Link. Die unglückliche Liebe aus meinem realen Leben wollte ich hinter mir lassen, jetzt – und zwar sofort - wollte ich ganz systematisch auf die Suche gehen, hier sind alle frei und ebenfalls auf der Suche, ich brauche nur zu wählen bzw. man müsste sich nur gegenseitig finden, wurde mir mit der Anzeige versprochen. Bei mir funktionierte das vom Werbemanagement geplante Einfangen von Kunden perfekt, doch das war mir in diesem Moment völlig egal.

Ich folgte also um 22 Uhr, statt noch mit einem Buch ins Bett zu gehen oder noch ein bisschen den Fernseher anzuschalten, mit zitternden Fingern – so aufgeregt war ich über meinen tollkühnen Entschluss – dem Link und landete auf der Website der Partner-Online-Plattform, wo auch sogleich von mir die Auskunft erwünscht wurde, ob ich eine Frau oder ein Mann wäre und was ich denn suchen würde. Das war noch für mich sehr leicht zu beantworten; ich setzte meine Klicks und wurde zu einem Fragebogen weitergeleitet, der Fragen zu Situationsverhalten (wie reagiere ich, wenn…) und so vielem mehr (z. B. welche Figur/Muster sagt ihnen am meisten zu) von mir wissen wollte. Ich versuchte, alle Auskünfte, die dort von mir abverlangt wurden, ganz ehrlich zu beantworten und gab mir dabei äußerste Mühe, was sich insofern schwierig gestaltete, als dass von den vorgegebenen Antworten meist die auf mich zutreffende, gar nicht angeboten war. Ich schlafe eben nicht grundsätzlich mit offenem Fenster und nicht grundsätzlich habe ich das Fenster geschlossen. Ich will am Wochenende auch gerne mal ausschlafen, bin aber trotzdem kein Morgenmuffel, wenn ich unter der Woche aufstehen muss. Ich gebe mal dem Partner recht, mal möchte ich aber auch meiner Meinung treu bleiben. Es kommt ja schließlich auch auf die Situation und das Thema an. Ich musste meist überlegen, welche Antwort meiner eigentlichen am nächsten war und das kostete viel Zeit. Ich wollte mich auf keinen Fall verstellen, denn „Er" sollte doch zu mir passen. Insofern benötigte ich fast drei Stunden inklusive Nachdenkpausen („soll ich wirklich weiterklicken?"), aber ohne mir etwas zu essen oder zu trinken aus der Küche zu holen. Dazu war ich viel zu angespannt. Es war inzwischen ein Uhr in der Nacht bis ich zur endgültigen Registrierung anlangte.

Es dauerte noch weitere 60 Minuten, um Bilder auszusuchen und hochzuladen, die ich für geeignet hielt. Viel Auswahl hatte ich nicht, doch das Durchstöbern der Bilder dauerte. Mit dieser Thematik hatte ich mich bisher kaum beschäftigt, meist hatte ich meine Kinder fotografiert und bestand oft auf sofortige Löschung, wenn umgekehrt eines der Kinder auf die Idee kam, mich abzulichten. Die Bilder zeigen ja noch grausamer die Fältchen, Falten oder alle Blicke, die man lieber keinem zeigen möchte.

Ich entschloss mich dann aber doch für ein Selfie, was ich nachts nach einer Geburtstagsfeier eines früheren Chefs, mit schwarzem Kleid und silberner Kette mit schwarzem Anhänger und roter Strickjacke - leider in meiner Küche, damals noch nicht mit weiß-lackiger Folie beklebt - aufgenommen hatte. Doch hier kamen meine langen braunen Haare vorteilhaft zur Geltung, weil sie ausnahmsweise mal so hingen wie es mir gefiel und meine grün-blau-grauen Augen strahlten, die Geburtstagsfeier war auch sehr anregend mit interessanten Leuten gewesen, was sie offensichtlich widerspiegelten. Den Küchenhintergrund nahm ich in Kauf, ein besseres aktuelles Foto hatte ich zurzeit nicht von mir und wie schon Friedrich von Schiller doch so zutreffend sagte: „Wer gar zu viel bedenkt, wird wenig leisten“, lud ich das Bild inzwischen müde geworden und froh über meine Entscheidungsfindung endlich hoch.

Als Ganzbild-Foto entschied ich mich für die von meiner Tochter beim Spaziergang gefertigte Aufnahme, die Natur in Form von grünen Sträuchern im Hintergrund, blaue Jeans tragend und mit schwarzem T-Shirt und ebenfalls schwarzer Strickjacke darüber, blickte ich doch eigentlich glücklich in die Kamera. Auf diesem Foto war meine schlanke Figur mit noch relativ schmaler Taille und den augenscheinlich normal langen Beinen gut zu erkennen, Stangengröße 36, Tendenz zu Größe 18, was ich erst im Alter entdeckte und mir fortan das doch öfter notwendige Umnähen einiger Saum-Zentimeter an jedem Hosenbein ersparte. Seit Jahrzehnten hielt ich mein Wohlfühlgewicht, was bestimmt auch mitentscheidend war, wenn ich jünger eingeschätzt wurde. Ich bin mit 1,65 cm eine durchschnittlich große Frau, jedenfalls fühle ich mich weder besonders klein noch bedeutend groß.

Auf beiden Bildern wirkte ich ungeschminkt, aber seit einigen Jahren verlasse ich das Haus nicht ohne Make-up, Wimperntusche und Kajalstift. Auch ohne Parfum fühle ich mich nackt, ich liebe schöne Düfte. Aber so etwas überträgt natürlich kein Bild, schade.

In der Jugend mal sehr gut aussehend, hat auch mich das Leben inzwischen gezeichnet. Meine großen Kulleraugen sind auf Normalmaß zusammengeschrumpft und werden von einer – zurzeit noch schmalen, ich spare gerade für eine modisch größere – Brille weiter verkleinert und verdeckt, die ich wegen meiner Kurzsichtigkeit seit meinem 11. Lebensjahr tragen muss. Wegen meiner Turnerei hatten meine Eltern mir das Tragen von Kontaktlinsen ermöglicht, was ich dann auch die nächstcn drci Jahrzehnte beibehielt. Irgendwann, als ich mich wieder einmal auf dem Fußboden wiederfand, um meine Linse zu suchen, war ich es leid und wollte lieber die Bequemlichkeit einer Brille -

ohne das tägliche penible Säubern und zeitweilige Suchen, teilweise auch im Auge selbst - zurückgreifen.

Meine damals strahlend weißen und ohne irgendeinen Makel gewachsenen Zähne waren inzwischen nach fünf Jahrzehnten nur noch bei guten Lichtverhältnissen und im Sommer mit gebräunter Gesichtshaut noch annehmbar hell und von rechts fotografiert war auch die kleine Lücke der linken Schneidezähne nicht erkennbar, die sich in den letzten Jahren immer mehr einen Platz in meinem Gebiss eroberte.

Mit meinen stark ausgeprägten Stirnfalten, die beim erstaunenden Gesichtsausdruck zustande kommen, bin ich wohl schon auf die Welt gekommen. Auf einem Babybild von mir, ist das fast erkennbar. Und zudem besuchen mich natürlich darüber hinaus schon die einen oder anderen Fältchen und Falten, von denen einige, je nach Anspannung und Ruhe, kommen und bisweilen wieder verschwinden, noch!

Früher wurde ich auch oft für eine Französin gehalten, gerade auf Reisen hielt man mich selten für eine Deutsche. Ich musste daran denken, als mir vor wenigen Monaten auf dem Weg zur Arbeit ein Mann auf dem Fahrrad mitten auf der Kreuzung zurief: „Bist du polnisch?“. Und ebenfalls fragte mich im Vorbeifahren eine Dame auf meinem Radweg zur Arbeit vor kurzem, ob ich eine Engländerin sei. Da musste ich schon lachen, ich scheine irgendwie international auszusehen.

Aber sonst spricht mich eigentlich niemand mehr an, ich finde es inzwischen sogar beneidenswert, wie andere Frauen ihren Partner beim Einkaufen im Supermarkt an der Käsetheke oder Kasse kennenlernen. Und selbst wenn es mal zu einem netten Wortaustausch kam – schließlich bin ich inzwischen schon aufgeschlossener – dann entdeckte ich enttäuscht den Ehering oder die dazugehörige Frau kam verspätet hinzu und säuselte ihm ins Ohr, an was sie unbedingt noch denken sollten. Die Glücklichen!

Die Fotos lud ich auf meiner Profilseite hoch, die als Überschrift meine Berufsbezeichnung – Rechtsanwalts- und Notarfachangestellte (die richtige Bezeichnung „Notariatsfachangestellte“ passte nicht in die dafür vorgesehenen Leerzeichen) und mein Alter - damals 51 - hatte. Dies geschah automatisch, automatisch erschienen auch die drei Eigenschaften, die ich unter mehreren Eigenschaftsangeboten für mich als zutreffend aussuchen sollte.

Ich entschied mich für „zuverlässig“, „einfühlsam“ und „unkonventionell“.

Ich passe eben in keine Schublade und bin auch anderen Menschen gegenüber sehr aufgeschlossen und habe in meinem Leben, gerade in der Familienphase über die vielen Kontakte der Elternschaft bei drei Kindern in der Grund- und auch Oberschule so viele verschiedene Menschen kennen- und mögen gelernt, dass ich weiß, dass mein eigenes Maß nicht das Maß aller Dinge ist und ich kenne aber auch andersherum nicht eine einzige Frau, die solch einen Lebensweg, wie ich ihn bisher beschritten habe, gewählt hat. Ich habe kein Vorbild, sondern lebe nach meinem Bauchgefühl und der Notwendigkeit, die das Leben erfordert.

Und beim Mann muss auch nichts sein, alles ist möglich, wenn mir nur der Mann gefällt! Einfühlsam bin ich schon immer gewesen, ich kann mich sehr gut in andere Menschen hineinversetzen, insbesondere auch durch das Großziehen meiner völlig unterschiedlichen Kinder, die alle drei gleich stark sind, keines ist ein „schwarzes Schaf der Familie" geworden, jedes hat seine eigene starke Persönlichkeit. Letztlich prägte mich natürlich auch das gute Auskommen mit meinem Ex-Mann über Jahrzehnte, obwohl wir doch sehr verschieden waren. Das Ergebnis meiner Befragung der Online-Plattform spiegelte mein Empathie-Ergebnis mit weit außerhalb des normalen Bereiches tatsächlich auch wider. Dieses Ergebnis diente als Grundlage einer Punktezahl-Angabe in Verbindung mit den anderen Singles, die ebenfalls diese Fragen beantwortet hatten. Hatte man viele Gemeinsamkeiten und war sich sehr ähnlich, wurde eine deutlich höhere Punktzahl angezeigt als bei Kontakten, die vermeintlich nicht so zu empfehlen waren.

Zusätzlich wurden für die Profilseite auch zwanzig Fragen angeboten, die sich jeder zur eventuellen Beantwortung auswählen kann. Es ist zudem Raum für ein Zitat vorhanden, hier kann man seine eigenen Gedanken –

der erste Eindruck, den jemand über einen erhält, der die Profilseite bei Interesse anklickt – darlegen. Das Interesse wird beim anderen leider nur als Allererstes über die Berufsbezeichnung und das Alter und das nur verschwommen zu erkennende Profilbild geweckt. Es werden auch noch Themenbereiche wie z. B. Interessen, Musik- und Urlaubsvorlieben mit vorgegebenen Antworten zum Anklicken angeboten. Ich hab in dieser Nacht nur erst hiervon Gebrauch gemacht und noch keine Fragen mit Selbstformulierung beantwortet, mit diesen war ich dann mit meiner „Spontan-Anmeldung" doch überfordert. Das Formulieren eines Zitates bzw. Empfangsgedanken verschob ich somit erschöpft auf den noch vor mir liegenden Sonntag.

Aber ich hatte „das Grobe" endlich geschafft und ging nachts um halb drei todmüde, aber zufrieden und auch erwartungsvoll schlafen - ein bisschen wie ein Kind vor dem Nikolaustag mit der bangen Frage, ob am Morgen etwas im Schuh (hier nun in meinem Postfach auf meiner Profilseite) vorhanden sein werde.

Die Online-Suche beginnt

Am Sonntagmorgen hatte ich tatsächlich bereits die ersten Nachrichten erhalten. Zu diesem Zeitpunkt wusste ich noch nicht, dass ich als „Neuankömmling“ speziell gekennzeichnet bin und so die Aufmerksamkeit der schon länger Suchenden automatisch auf mich ziehe. Man wird als Neue tatsächlich mit dem Wort „neu“ den Suchenden in den Profillisten angezeigt.

Jedoch in dieser Hinsicht ahnungslos dachte ich, wow, und war ganz aufgeregt und meldete mich nun tatsächlich verbindlich an, denn auf meine Antworten konnte ich die Erwiderungen nicht mehr lesen und das Ende des Versprechens der „Umsonstanmelden-Werbung“ traf mich schonungslos. Die Plattform ließ mich also die netten unverbindlichen Anfragen der Männer („Guten Morgen, du weckst mein Interesse, ich würde dich gerne näher kennenzulernen...) lesen, ich durfte ebenfalls ihre freigeschalteten Bilder betrachten und meine kurzen und unverbindlichen Antworten, die über ein Dankeschön und ebenfalls Freischalten meiner Fotos an diesem Morgen nicht hinausgingen, waren offensichtlich noch für die Männer zu entziffern, denn es folgten wiederum Antworten, die für mich aber leider nur verschlüsselt angezeigt wurden.

Mir wurde also veranschaulicht, dass es Männer gab, die Interesse an einem Kontakt mit mir hatten, aber hier endete das Umsonst-Agieren. Jetzt wurde ich doch zur Kasse gebeten, wenn ich denn weiter korrespondieren wollte. Da ich jedoch aus einem Anwaltsbüro einmal den Fall in den Akten miterlebte, in welchem eine Online-Plattform von unserem damaligen Mandanten viel Geld einforderte, er also irgendwas bei seiner Kündigung nicht allein geregelt bekam, entschloss ich mich, am nächsten Tag erst einmal telefonisch mit den dortigen Mitarbeitern in Verbindung zu treten, denn ich wollte bereits schon jetzt meine Kündigung bestätigt haben. Dieser Entschluss stellte für diesen Sonntag eine große Geduldsherausforderung für mich dar, ich hätte es einfacher gehabt, den Schritten im Internet mit Klicken zu folgen und unter Angaben meiner Kontendaten sofort freigeschaltet zu werden.

Aber meine Kontendaten wollte ich im Internet nicht preisgeben, so musste ich mich noch gedulden und hatte aber doch unerwartet schnell am nächsten Tag einen sehr freundlichen und mein Problem lösenden Mitarbeiter am Telefon. Ich bin mit ihm dann so verblieben, dass er mir eine Rechnung über den Gesamtbetrag zusenden wollte, was mir bei der vereinbarten Einmal-Zahlung eine Ersparnis von 40 % der Kosten einbrachte und er schickte mir – da ich ihm dann nach dem Telefonat eine Mail mit meiner Kündigung sandte, tatsächlich gleich die Kündigungsbestätigung mit. Das Kündigungsdatum fand ich dann in der Profilseite unter „Einstellungen“ wieder und so war ich beruhigt. Gedacht ist es von der Plattform wohl so nicht, sonst würden sie die Rechnungszahlung auch im Internet angeboten haben.

Ich hab dann später sogar festgestellt, dass die Männer, mit denen ich über dieses Kostenthema sprach, tatsächlich sich jeden Monat die Gebühren abbuchen ließen, einige schon die Kündigungen versäumt hatten und diese Bezahlung in ihr Leben integrierten wie die Haftpflichtversicherung und den Beitrag für das Fitnessstudio. O.k., vielleicht hatten sie mir das nur erzählt und wollten nicht zugeben, dass sie sich auf keinen Fall abmelden wollten. Die Wahrheit liegt wohl irgendwo dazwischen.

Ich war jedenfalls bereits gekündigt und fühlte mich mit diesem Gedanken wohler.

Bis diese Formalien geregelt waren, d. h. mich die Rechnung erreichte und der Beitrag von meinem Konto abgebucht war, musste ich auf die Entschlüsselung der Nachrichten ungeduldig warten. Doch dann kam endlich die Freischaltung und mit ihr trat ich in eine mir vorher unbekannte Welt ein und war jedes Mal in Aufregung, wenn die ersehnte Antwort kam. Die erschütternde Bewusstheit meiner punktuell auftauchenden Einsamkeit war aus meinem Alltag - erst einmal - verschwunden! Es schrieben mich einige Männer an, denen ich ehrlich und ebenfalls nett antwortete. Es war aber niemand dabei, der mich damals ernsthaft interessierte, ich wollte weder zu einem massiv Übergewichtigen für gemütliche Stunden ins Umland ziehen, noch mit einem spindeldürren Erzieher über meine Erziehungsmethoden diskutieren. Ich schrieb dann meist freundlich zurück, dass ich entweder gerade in einem anderen Kontakt – wenn dies so war – stand oder teilte mit, dass ich mir nicht vorstellen konnte, dass es mit uns passen würde, verbunden mit guten Wünschen für die weitere Suche. Die von der Plattform vorgeschlagene „Abschieds-Nachricht“ mit der Formulierung, „das Profil xxx (jeder hat eine Profilbezeichnung aus Nummern und Buchstaben) verabschiedet sich von ihnen“ hab ich nie benutzt, weil ich das zu unpersönlich finde. Meist haben mir die Männer sogar nochmals geantwortet und mir ebenfalls Glück gewünscht.

Die nächsten drei Wochen verbrachte ich an Arbeitstagen abends und an freien Tagen mehrmals täglich vor dem Computer auf den Profilseiten der Männer, verschickte ihnen ebenfalls Komplimente oder mal ein Lächeln, wenn mir ein Profil besonders gut gefiel. Das Lächeln ist eine angebotene Funktion der Plattform, mit welchem man sein Interesse bekunden und ohne Worte versenden kann. Ein Kompliment zu verschicken, ist so etwas wie ein Like bei Facebook. So kann man auf einzelne Antworten gezielt ein Beipflichten verschicken, wenn einem die Antwort gut gefällt.

Ich selbst habe noch einige Tage gebraucht, um zu überlegen, welche von der Plattform vorgefertigten Fragen für die eigene Profilseite ich überhaupt beantworten möchte und wie ich meine Antworten formuliere. Ich habe nur vier, aber dafür ausführliche Antworten in meiner Profilseite aufgenommen und meine Formulierung des Ersttextes hat noch einmal Zeit in Anspruch genommen. Aber es fruchtete, ich konnte auf Komplimente und Lächeln, die mich immer wieder erreichten, antworten und Nachrichten auf Anfragen verschicken. Es war eine mir vorher nie vorstellbare und für mich sehr erquickende Erfahrung. Ich muss gestehen, ich bin nicht bei Facebook. Insofern war meine Erster-fahrung umso heftiger.

Kalle

Nach drei Wochen erreichte mich eine Nachricht, die mich freudig zusammenzucken ließ.

Kalle, 51, selbstständig, abgeschlossenes Studium.

Seine Nachricht kam mit einem einzigen Wort: „Yes!“. Mehr nicht. War das genial! Keine Ansprache, kein Gruß, keine Frage, nur das Wort „Yes“, und es fegte alle vergleichbaren Nachrichten fort. Der Spruch „Wo Vertrauen ist, da genügen wenig Worte“ von Jeremy White hing damals in meinem Schlafzimmer und da schrieb einer, der keine Fragen an mich stellte, keiner der mich prüfen und erst testen wollte, offensichtlich einer, dem ich genauso, ohne wenn und aber mit den Angaben auf meiner Profilseite gefiel und dem es reichte, was er dort vorfand. Das schmeichelte, gerade im Hinblick auf die mit Kritik belasteten letzten Ehejahre. Ich war beeindruckt und nachdem ich mir seine Profilseite ansah, die zwar nicht so viel von ihm preisgab, aber dafür meine Fantasie beflügelte, war ich absolut motiviert, auch ihn zu beeindrucken. Die beiden Bilder von ihm zeigten zwar nur sein Gesicht, einmal von der Seite ohne Brille mit lachendem offenen Mund und eines von vorne, doch ich machte mir darüber keine Gedanken, denn er sah ziemlich durchschnittlich aus, weder besonders unangenehm noch außergewöhnlich attraktiv für sein Alter. Er hatte keinen Bart, eine dickere Brille und schütteres braunes Haar.

Ich schaltete ihm meine Bilder ebenfalls ohne großen Text frei, denn mir wäre auch nichts Adäquates zu einem „Yes“ als „Normaltext“ eingefallen, alles hätte langweilig geklungen, wir beiden waren hier sofort auf der Gefühlsebene gelandet, denn seine Antwort, nachdem er sich meine Bilder angeschaut hatte, klang nicht wie eine „Verstandesmitteilung“. Er schrieb, dass er „total geflasht“ sei und bewirkte damit bei mir, dass mein ewig dazwischenfunkender Verstand endlich mal die Klappe hielt. So viel Begeisterung zu meinem Äußeren hatte ich seit meiner Jugend nicht mehr erhalten. Ich jubelte und zu weiterem Kontaktaustausch war ich an diesem Abend nicht mehr fähig.

Am nächsten Tag schrieben wir wieder nur kurz und teilten uns unsere Telefonnummern mit, sodass wir am übernächsten Tag dann tatsächlich unsere Stimmen kennenlernten. Er hatte weder eine tiefe, noch eine besonders helle Männerstimme und es war ein äußerst sympathisches Telefonat. Wir telefonierten nun jeden Abend nach der Arbeit und am Wochenende am Tage, manchmal bis zu zwei Stunden. Er wohnte in der Nähe von Wolfsburg, sonst hätten wir uns bestimmt gleich getroffen. So aber erzählten wir uns aus unserer Ehe und warum es zu den Scheidungen kam, wir erzählten von unseren Kindern und wie unser Kontakt heute zu den Ex-Partnern war. Was er mir von seiner Geschiedenen erzählte, die psychische Probleme hatte und wie er die Weiterentwicklung seiner Kinder dadurch nicht beeinträchtigen wollte, sich um alle kümmerte, beeindruckte mich sehr. Er hätte auch sagen können, ich bin geschieden und du kannst sehen, wie du wieder gesund wirst. Aber er kümmerte sich.

Ich war euphorisch und ging überglücklich zur Arbeit, so kurze Zeit nur angemeldet und schon jemanden gefunden zu haben. „Ich glaub, ich hab jemanden bereits gefunden“, verkündete ich dann auch voller Freude und Hoffnung und die Kinder und Freundinnen pflichteten mir bei und meinten, sie hätten eh nicht gedacht, dass ich lange würde suchen müssen.

Kalle hatte den Traum, durch Italien zu fahren und so Land und Leute kennenzulernen. Ich fand den Traum wunderbar und konnte mir bildhaft vorstellen, wie schön es doch wäre, wenn wir beide gemeinsam durch Italien fuhren. Ich kannte aus meiner Jugend bereits die Insel Ischia, wo ich mit meinen Eltern im Alter von 13 Jahren Urlaub machte und noch Bilder habe, auf denen ich übermütig vor Glück in die Kamera winkte. Endlich Urlaub, einfach nur genießen und glücklich sein und diesmal einen Mann an meiner Seite zu haben, der das Glück mit mir teilte.

Er wohnte in einem kleinen Dorf in der Nähe von Wolfsburg, was mir insofern vertraut vorkam, als dort Verwandte von mir wohnen. Bei unseren Gesprächen kam mir nichts fremd vor, er hatte Geduld mit seinen Kindern und konnte anscheinend alle Probleme mit Gesprächen lösen. Er beschrieb, wie er Jugendlichen in seiner Gegend die Möglichkeit gab, einen Treffpunkt zu haben und mal beim Sport die Probleme vergessen oder besprechen zu können. Aggression schien ihm ein Fremdwort, man muss nur über alles sprechen, mein Reden....ich war hin und weg.

Mir fehlte ein so verständnisvoller Mensch schon lange an meiner Seite, ich hörte seinem Reden gerne zu und umgekehrt hörte er mir einfach zu. In all den Gesprächen kam nicht einmal bei mir das Gefühl auf, dass ich mich rechtfertigen oder erklären müsse. Ich war auch froh zu hören, dass er guten Kontakt zu seiner Mutter hatte, ein Familien verbundener Mensch also, wunderbar! Und auf seinem Foto lachte er und einen Lustigen wollte ich unbedingt. Ich war nicht mehr allein, hatte von heute auf morgen einen Verbündeten, es war nach vielen Jahren ein wunderbares Gefühl!

Bereits nach gut zwei Wochen entschloss er sich, nach Berlin zu kommen. Ich hatte keinen Zweifel daran, dass er der Richtige sein könnte. Mir war auch bewusst, dass er 250 km entfernt wohnte, aber ich fand die Situation sogar sehr akzeptabel, schließlich war ich dabei, erst einmal selbst in meiner Wohnung zurechtzukommen. Sich gelegentlich am Wochenende zu besuchen und einen gemeinsamen Urlaub zu planen und zu verbringen war eine tolle Aussicht, die mir eigentlich reichte. Ansonsten standen wir telefonisch ja täglich in Verbindung. Die Zeit würde den Rest mit Lösungen mit sich bringen.

Er müsse mich sehen, beschloss er, niemals hätte ich verlangt, dass er kommen möge, aber er kam.

Samstagmorgen parkte er das Auto in der Nähe meiner Wohnung und ich kam völlig aufgeregt aus dem Haus gelaufen und sah ihn im schönsten Morgenlicht - es war ein warmer Frühlingstag - auf mich zukommen. Ein leicht untersetzter Mann kam in einem schweren Gang auf mich zu, der jedes Wort, was wir vorher sprachen, vergessen ließ. Mit einem Schlag, bevor wir uns noch die Hände reichten, war ich ernüchtert, meine hochgestimmten Gefühle verflogen, wo waren sie so plötzlich hin, wie kann es sein, dass ich ihn mir komplett anders vorgestellt hatte? Was hatte ich mir eigentlich gedacht?

Nach der Begrüßung liefen wir zur Bushaltestelle, um in die City zu fahren, ich wollte ihm Berlin zeigen, er kannte es noch nicht. Die Bus- und Bahnfahrt empfand ich dann sogar als peinlich, denn seine laute Sprache passte wohl besser in die Dorfgegend, wo man sich über die Zäune hinweg schon mal verständigen können muss. Seine Faszination über den Doppeldeckerbus stieß mich ruckartig in meine Kindheit zurück, denn „Klein-Annettchen" fand die Busfahrt oben und möglichst ganz vorne auch immer aufregend. Auch sein grenzenloses Erstaunen über die Häuser und Bauten in Berlin, die die Aussicht aus der S-Bahn bildeten, verkündete er so laut, dass die restlichen Mitfahrer im Bilde waren, hier kommt jemand vom Land. „Von wegen armes Berlin, hier strotzt der Wohlstand bei diesen Bauten“, stieß er immer wieder laut sich selbst vergessend hervor.

Nie wäre ich vordem auf die Idee gekommen, dass ich nicht über den Dingen stehen würde, also warum war es mir nicht völlig egal, dass er seine Gedanken so lauthals kundtat? Warum freute ich mich nicht einfach mit ihm mit? Er hatte als ehemaliger Raucher tatsächlich noch fast eine kleine Kuhle in der Unterlippe und seine noch aschfahle Gesichtshaut stieß mich mehr ab als ich wollte. Vielleicht war die Reaktion notwendig, um mich in der Realität aufwachen zu lassen, ich suchte verzweifelt und entdeckte gar nichts, wovon ich hätte fasziniert sein können oder was mich – wenigstens ein bisschen – angezogen hätte. Fast war ich sauer auf mich, was hatte ich gedacht, ich hatte doch die Fotos gesehen, die allerdings nur seinen Kopf, nicht seinen ganzen Körper zeigten. Und ich hatte doch darauf keinen Wert gelegt. So einfach kann man wohl sein Gefühl nicht überlisten, das wurde mir während der Busfahrt klar. Er hatte weder Esprit noch Charme, hatte ich mir doch eingebildet, dass die Telefonleitung für mich diesbezüglich deutlich knisterte. Die Chance vorher festzustellen, dass unsere Chemie für mich gar nicht stimmte, hatte ich nicht gehabt und da er nicht in Berlin wohnte, konnte ich ihn auch nicht kurzerhand wieder „Adieu“ sagen. Dass ich ihm aber nun Berlin zeige, war ich ihm nach all unseren Telefonaten einfach schuldig.

Drei Stunden später, am Alexanderplatz, nachdem wir uns jeder eine Portion Pommes gekauft hatten und ich mich von dem Gedanken, vielleicht in Begleitung wenigstens nett essen gehen zu können, verabschiedet hatte, sagte ich ihm, dass ich bereits wisse, dass es mit uns nichts werden würde. Er empfand unser Treffen wohl anders, jedenfalls fing er an zu diskutieren, dass man an einer Beziehung arbeiten müsse und dass nie alles stimme. Für mich war die Absage jedoch unabänderlich, die hier in Berlin erlebten Gespräche und neu entstandenen Gefühle stellten unseren Kontakt in ein neues Licht, ich fühlte mich mehr als Reiseführerin denn als Date-Auserwählte. Die Schulter zum Anlehnen, deren Hoffnung darauf verlockend bei den Telefonaten winkte, kippte einfach um und verschwand aus meinen Gedanken. Ich lernte mich in diesen Minuten neu kennen, es setzte sich in mir ein Schmerzgefühl frei, und ich dachte, nun musst du weiter stark und allein sein, du musst weiter deine Lösungen allein finden und jetzt erst einmal sogar noch das Problem lösen, diese Bekanntschaft mit Anstand zu beenden.

Ein Mensch kommt in eine andere Stadt, um einen anderen Menschen kennenzulernen und hat dann nicht mal das Geld, essen gehen zu können bzw. will das Geld dafür nicht investieren. Ich hätte mein Essen auch selbst bezahlt. Kleinlichkeit und Pfennigfuchserei sollte ich im Laufe der nächsten Jahre noch kennenlernen. Da schauen Männer sich eine Frau an, mit der sie angeblich den Rest ihres Lebens verbringen wollen und spendieren ihr noch nicht einmal einen Kaffee. Es geht nicht um Aushalten, bei den nächsten Treffen kann ich ja den Kaffee übernehmen oder ebenfalls mal einladen, es geht darum zu zeigen, dass einem das Leben und insbesondere das Leben gerade mit dieser Frau, also mit mir in diesem Moment, mehr wert ist als der Ehrgeiz, kein zu großes Loch im Portemonnaie entstehen zu lassen. Wohlbemerkt meine ich nicht das Fünf-Gänge-Menü, sondern eine Tasse Kaffee! Und gerade von ihm hätte ich auch keine Einladung erwartet oder angenommen, aber er hätte sich selbst natürlich gegenüber auch generös sein müssen. Aber er gönnte sich kein Essen. Meine beiden Jungens fragten später öfter mal nach, wenn ich erzählte, dass ich mich getroffen hätte, ob ich denn eingeladen worden sei. Obwohl sie einer anderen Generation angehören, ist es für sie ein wichtiges Kriterium. Ich weiß um die Problematik, manche Frauen wollen sich auch nicht einladen lassen, doch für mich geht es auch um das Erkennen der Einstellung zum Geld. Für mich sind Menschen noch immer wichtiger als Geld, insbesondere wenn es wirklich nur um wenige Euro geht.

Aber Kalle wollte keinen Kaffee investieren und wahrscheinlich hatte er auch schlicht das Geld dafür nicht, denn für seine Heimreise – nicht aber ohne vorher anzuklopfen, wie ich zu einer Übernachtung von ihm bei mir stand - kaufte er sich kurzerhand bei Aldi noch zwei Pakete Würste für unterwegs als Abendbrot. Für einen Tagesbesuch in Berlin schon nur für sich selbst ein bescheidener Abschluss, bei mir rief es einen Würgereiz hervor. Im Nachhinein habe ich sogar Verständnis, sollte er das Geld wirklich nicht gehabt haben, aber dann wäre auch die Fahrt nach Berlin mit dem Benzingeld einfach eine Nummer zu groß gewesen. Dass er inzwischen wieder in dem Haus seiner Mutter wohnte, war vielleicht nicht seiner reinen Fürsorge geschuldet. Unser Abschied am Abend, beginnend in der Mittagssonne in der City, war wie eine Minischeidung, der Verstand versucht zu retten was geht, doch Gefühle sind schon lange nicht mehr im Spiel, hier bisher nur bei Telefonaten aufgetaucht und so war der Nachmittag geprägt von verkrampftem Zusammensein. Ich musste mir dann auch tatsächlich einige Spitzen von ihm anhören, denn offensichtlich hatte er mit einer Übernachtung bei mir gerechnet.

Heute weiß ich, dies war für ein erstes Date kein geeigneter Rahmen, sondern viel zu lang. Er hätte sich einen schönen Tag oder sogar ein Wochenende in Berlin mit seinen Kindern gestalten sollen und mich unter anderem in ein Café nur zwei Stunden treffen oder es eben ganz sein lassen bzw. abwarten oder ehrlich anfragen sollen, wie es mit einer Einladung zur Übernachtung aussehe. Damals wäre ich dann schon vorher etwas erwacht, denn so weit wäre ich ganz bestimmt noch nicht gewesen. Stattdessen lag nun auch bei mir der Druck, dass er einen netten Eindruck meiner Heimatstadt und keine verschenkte Anreise haben möge.

Ich habe schon einige Zeit gebraucht, um zu verstehen, wie das so entstehen und so schnell wieder beendet sein konnte. Ich habe zukünftig Anfragen außerhalb Berlins nur noch mit nettem und unverbindlichem Gruß erwidert. Auch wollte ich den Fotos etwas mehr Beachtung schenken. Vor allem lernte ich eines aus diesem ersten Kontakt, dass es auch mein Recht war, wenn es nicht passt oder anders war, als ich mir vorstellte, zu mir zu stehen und das auch kund zu tun. Auch, wenn der Mann nett und für sich bestimmt liebenswert ist, ich suche für mich einen Lebenspartner, da muss es schon passen und vor allem möchte ich keine harte Arbeit schon am Anfang, wie er meinte, sondern gerade am Anfang möchte ich auch das Gefühl des Verliebtseins und dessen Leichtigkeit spüren.

Fast zwei Jahre später schrieb er mir: „Manno, wir waren noch immer nicht in Italien“ mehr nicht, nur diesen einen Satz. Also seine „Ansprachen“, die waren schon genial ... aber inzwischen weiß ich ja, dass er auch andere Vorstellungen von Reisen hat. Ich würde ganz bestimmt auch gemütliche Cafés und Restaurants aufsuchen und es mir richtig gutgehen lassen wollen. Daher antwortete ich ihm auch nicht.

Weiter geht’s

Nachdem ich mich wieder frei von „meiner Beziehung“ fühlte und die Traurigkeit über meine geplatzten Träume verwunden hatte, war ich wieder voller Hoffnung, doch noch den Richtigen zu finden. Meine Familie und Freundinnen fachten meine Hoffnungen mit an und waren gespannt, wie es bei mir weitergehen würde. Meine verheirateten Freundinnen ließen sich, wenn sie bei mir zu Besuch waren, neugierig die Plattform und die Profilseiten der Männer zeigen, mit denen ich gerade in lockerem Kontakt stand und bekundeten für den einen oder anderen interessiert ihre Sympathien.

Ein ständiges Aufflackern der Hoffnung, online fündig zu werden, belebte nun meinen Alltag. Ich hatte abends meine Unterhaltung, spürte das Alleinsein nicht mehr, war ja genau genommen auch nicht mehr allein. Wir alle waren auf der Plattform wie eine große Gemeinschaft mit dem gleichen Ziel und so chattete ich guten Mutes mit den nächsten Männern.

Jerome

Meine Tochter war gerade zur Übernachtung bei mir, als ich das Foto und sein Lächeln erhielt,

Jerome, 52, Lebensberater, abgeschlossenes Studium.

Nur schon beim Anblick seines Fotos, wieder nur ein Porträt, durchzuckte mich ein freudiger Schrei. Sein schlankes Gesicht konnte unmöglich einem untersetzten Körper gehören. Zwei lachende Augen wurden von blonden längeren Locken umrahmt, ohne Brille und im ganzen Gegensatz zu Kalle war dieser Mann ein völlig anderer Typ. Meine Fantasie war hoch beflügelt und ich rannte vergnügt durch meine Wohnung, als hätte ich gerade einen Heiratsantrag von einer großen Liebe erhalten. Es war Freitagabend und meine Stimmung war in Sommerlaune und ich wollte diesmal alles andere als wochenlang nur telefonieren. Dieser Mann sprach mich von seinem Äußeren mehr als an und so antwortete ich verbindlich. Die Gelegenheit ließen meine Tochter und ich uns nicht entgehen, ich zeigte ihr das Bild und selbst sie war ebenfalls begeistert. Wenn das keine alte Aufnahme war, dann sah dieser Mann um Jahre jünger aus. Am Abend gingen wir früh schlafen und wachten am Morgen ausgeschlafen auf, ohne uns den Wecker gestellt zu haben. Nach dem Aufwachen lief ich gleich zu meinem PC und schaute in mein Postfach. Beim Lesen schrie ich laut auf, denn was ich las, versetzte mich in höchste Aufregung. Er wollte mich treffen, war be-

stimmt nicht zuletzt animiert von meinem Feedback und schlug eine Begegnung noch heute Vormittag vor, weil er mittags seinen Zug nach Frankreich nehmen wollte zu den Osterfeiertagen zu seiner Familie.
Ich schaute auf die Uhr und dann begann ein Wettlauf mit der Zeit, nachdem meine Tochter mir zuredete, ich solle einfach mal in mein Leben starten. Es war wirklich knapp und wäre ich allein gewesen, hätte ich ihm abgesagt. Er schlug einen Treffpunkt vor, zu dem auch meine Tochter fahren musste, sie wohnte in diesem Bezirk und wieder kamen schicksalshafte Gedanken hoch, das soll dann wohl alles so sein. Ich fahre gemeinsam mit meiner erwachsenen Tochter zum Date, wenn das nicht Vorherbestimmung ist. Sie kann mir ein bisschen die Aufregung nehmen. Französisch hatte ich damals in der Schule gelernt und ich verfluchte mich in Gedanken, dass ich meine Sprachfähigkeiten nicht besser gepflegt hatte. Ich raste begleitet von euphorischer Begeisterung unter die Dusche und meine Tochter half mir, mein rotes Baumwollkleid aus meinem Schrank zu wählen. Schließlich war es Samstag, da konnten die alltäglichen Jeans mal liegenbleiben, am Treffpunkt gab es zudem viele schöne Geschäfte und ich würde mit meiner Tochter anschließend einen Bummel starten. Ich zog mir daher passende schwarze Pumps dazu an, in denen ich gut laufen konnte. Chic gekleidet macht mir das Shoppen – wenn überhaupt – bei weitem mehr Freude.

Wir kamen pünktlich an, meine Tochter winkte mir noch zu, die letzten Schritte zum Treffpunkt wollte ich auf jeden Fall alleine gehen. Er kam auch gleich und als ich auf ihn zuging, kam ich mir in meinen Pumps und dem roten Kleid ein bisschen overstyled vor, denn er erschien in seinem Sportlook, noch das Trainingstrikot vom Radfahren am Leib. Obwohl so viele Menschen an diesem Samstagvormittag in der Geschäftsstraße unterwegs waren, hatte ich ihn sofort erkannt. Er war sehr durchtrainiert, ohne ein Gramm Fett und wirkte tatsächlich jünger. Nur einige kleine Lachfältchen verrieten, dass wir das gleiche Alter hatten. Aber damit hatte ich kein Problem, sondern fühlte mich im Gegenteil eher zu ihm hingezogen. Auch hier hatte ich vorher ja nicht diese Information erhalten, sondern mir war nur ein Porträt bekannt. Das war jedoch anders bei Kalle eine zusätzlich sehr erfreuliche Überraschung. Ich war in den ersten Momenten ziemlich angetan, fühlte mich aber dennoch etwas fremd, in Jeans hätte ich mich in diesen Sekunden angenehmer und für ihn passender gefühlt und letztendlich war es zusätzlich die Situation, die sich für mich zu diesem Zeitpunkt sehr fremd anfühlte. Ich war schlicht aus der Übung was den Kontakt mit Männern betraf. „Ich kenne ein nettes Café, hast du Lust auf ein leckeres Frühstück?" fragte er mich und ich konnte nur begeistert nicken. Wir nahmen nicht weit entfernt in einem hellen verglasten Kaffee-Restaurant mit Blick auf die Straße Platz und bestellten uns Kaffee mit Croissants. Sein Fahrrad hatte er vor dem Eingang abgestellt. Ich fühlte mich wohl, er war mir sympathisch. Doch unsere Unterhaltung wurde mir mit der Zeit insofern anstrengend, weil er teilweise schlecht verständlich deutsch sprach, so dass ich manchmal und immer öfter nachfragen musste, was mir damals unangenehm war.

Er ließ beim Erzählen seine Hände, was ja auch üblich und normal ist, auf dem Tisch liegen und ich als ich wieder angestrengt versuchte ihn richtig zu verstehen, fiel mein Blick weg von seinen wachen Augen nach unten auf seine Hände und da sah ich den schwarzen Dreck unter seinen Fingernägeln und ich konnte mir plötzlich nicht mehr vorstellen, wie diese Hände einmal meine Brüste streicheln oder gar in mein Höschen wandern würden. Obwohl alles so nett war, war diese Tatsache schuld an meinen inneren Rückzug. Er lud mich ein, war großzügig und was er von seiner Familie erzählte, klang nett und sympathisch: er ist in einem Dorf mit mehreren Geschwistern groß geworden, war viel im Wald unterwegs und bei seinen Erzählungen fielen mir die Kinder von Bullerbü von Astrid Lindgren ein, klar, der Naturjunge, anziehend und natürlich und doch für mich in diesen Augenblicken als Partner unvorstellbar geworden.

Nach knappen zwei Stunden bezahlte er und wir gingen noch ein Stück die Straße zurück, er mit seinem Fahrrad und Sporttrikot und ich lief in Pumps und Kleid neben ihm. An der Ampel umarmten wir uns und ich wünschte ihm eine gute Reise und eine schöne Zeit mit seiner Familie. Konkretes sagten wir uns beide nicht, also weder ich noch er sagte, dass er sich melden würde oder wir in Verbindung blieben. Wir sagten aber auch nicht, dass wir uns nicht wiedersehen wollten. Er musste ja nun eilig los. Ich hab es nicht geschafft, über meinen Schatten zu springen und ihm hinterher zu schreiben. Ich dachte, mal schauen, ob er sich meldet. Und er konnte wohl ebenfalls nicht über seinen Schatten springen. Irgendwie hatten wir in diesem Treffen nicht zu einander gepasst, obwohl wir uns sympathisch waren. Er hatte mich genauso mit einem Date dazwischengeschoben wie ich ihn, nur war ich auf Shopping- und er auf Fahrradtour und auf dem Weg nach Frankreich. Mit Abstand ist alles ganz logisch und nachvollziehbar, doch am Tag der Begegnung steht man mittendrin mit seinen Gefühlen und die Korrelationen untereinander nehmen ihren Lauf, die Sprache der Gefühle lässt sich mit Vernunft nicht steuern. Das Wort, der erste Eindruck, nichts ist wiederholbar und bleibt.

Er fragte über ein Jahr später noch einmal an – offenbar hatte er auch noch nicht die Richtige gefunden – ob wir uns mal wiedersehen könnten. Doch zu diesem Zeitpunkt stand ich in anderem Kontakt, obwohl ich ernsthaft überlegt hatte, ihn doch noch einmal wiederzusehen. Aber die Eindrücke eines ersten Dates sind übermächtig und die Frage, warum er sich anschließend nicht gemeldet hatte, blieb und ließ mich eine Absage schreiben. Es müssen eben auch die Zeitfenster stimmen und letztendlich ist es auch Schicksal, wann man auf wen trifft. Für uns sollte es wohl keine gemeinsame Zukunft geben.

Ich fand schnell weiteren Trost und erhielt Lächel-Nachrichten und stöberte selbst die Profile durch.

Ich selbst befand mich in der realen Welt in einer belastenden Arbeitssituation, mein Chef hatte gerade sein Büro aufgegeben und ich hatte mir eine neue Arbeitsstelle suchen müssen. Ich war wieder in einer Probezeit und musste neue Herausforderungen bestehen. Aber es entstand dadurch so etwas wie eine Aufbruchsstimmung, nichts ist mehr so wie es war und ich werde auch den Mann meiner Träume noch finden.

Motiviert ging ich die Listen der Profile durch und bei einem Bild traf mich fast der Schlag. Der Mann sah fast genauso aus wie meine unglückliche Liebe, die Liebe, die nie mir gehören sollte, weil er einer anderen Frau gehörte und ihr auch weiterhin gehören wollte. Ich weiß, Menschen können sich nicht gegenseitig gehören, aber sie können sich die realistische Liebe ermöglichen und sich dafür entscheiden, im Alltag zueinander zu stehen. Ich weiß auch, die romantische Liebe hat damit nicht selten gar nichts zu tun. Mir stockte der Atem, das ist Er, ich war fassungslos vor Erregung und sandte ihm ein Lächeln. Als er zurückschrieb, stockte mir der Atem vor Glück, alle meine Gefühle, die ich mit diesem Gesicht in Verbindung brachte, kamen unkontrolliert hoch und eine Glückswelle überflutete mich...endlich, endlich ... und er hier ist frei, ich jubelte.

Wir schrieben nur zwei kurze Nachrichten, er war wohl nicht mehr auf der Plattform aktuell angemeldet und es reichte gerade zum Telefonnummernaustausch:

Jannik, 54, IT-Fachmann, Angestellter.

Nach nur einem kurzen Telefonat – er sprach auch nicht besonders gut deutsch und mir fehlte meine Sprachfindungsgabe vor Aufregung – verabredeten wir uns in dem Kaffeehaus Mila in der Grolmanstraße in Ku-Damm-Nähe, beide wollten wir nach unserer Arbeit dorthin. Aus welchem Land er kam, war mir nicht bekannt, vom Foto her hätte er auch Berliner sein können, dunkle volle Haare und braune Augen und mit Hemd und Jackett gekleidet – offensichtlich ein Bewerbungsbild – verliehen seinem Gesicht eine Seriosität und auch Männlichkeit, nichts Jugendliches wie bei Jerome, aber Interessantes und überdies Anziehendes. Ich wusste eigentlich gar nichts von ihm, aber bei Kalle wusste ich so viel und was hatte es gebracht? Das Café hatte er vorgeschlagen und nachdem ich es gegoogelt hatte - es war auch für Geschäftsessen geeignet - hatte ich keine Skrupel einen fremden Mann dort zu treffen, in aller Öffentlichkeit. Wir würden uns wiedererkennen, schrieb er mir, wir schrieben uns nicht viele Worte, ich brauchte bei ihm nicht viele Worte, ich musste diesen Mann treffen.

Ins Büro zog ich mich an diesem Tage sehr busy an, eine gute grau gemusterte Hose mit weißer Bluse und kuschelweicher kurzer hellgrauer Strickjacke darüber. Schließlich würde er auch gleich nach der Arbeit zu unserem Treffen kommen. Ich konnte mich kaum auf meine Arbeit konzentrieren. Obwohl ich dort neu war, waren meine Gedanken an diesem Tag eindeutig auf das Erst-Treffen nach Feierabend fokussiert.

Aber letztendlich überstand ich die Arbeitsstunden und schlenderte nach Büroschluss den Ku-Damm entlang, um mich langsam dem Café zu nähern, denn ich war zeitig dran und wäre mit schnellen Schritten viel zu früh angekommen.

Ich betrat das Café trotzdem noch zehn Minuten vor der vereinbarten Zeit und suchte mir einen Platz. Es war fast leer. An diesem herrlichen Sonnentag setzte sich offensichtlich niemand gerne in einen geschlossenen Raum. Als die Bedienung kam, sagte ich ihr, dass ich auf jemanden warte und erst bestellen würde, wenn meine Verabredung käme. Am liebsten hätte ich ihr erzählt, wie und warum ich hier saß, sie sah sympathisch aus, aber auch fast so, als würde sie um meine Verfassung wissen.

Ich musste aber noch zwanzig Minuten warten, ich schaute immer wieder zu dem Eingang und rutschte nervös auf meinem Stuhl hin und her. Ich nutzte allerdings auch die Zeit um festzustellen, dass ich mich auf neuen Wegen befand, eine neue Arbeitsstelle und vielleicht sollte mir zusätzlich nun gleich der neue Mann begegnen. Der Arbeitstag lag hinter mir und ich genoss, nicht hetzen zu müssen. Zwischendurch kam aber wieder große Nervosität hoch. Um zehn Minuten nach der verabredeten Zeit trat ein Mann zur Tür herein, der offensichtlich nicht in der Lage war, mich gleich zu erkennen.

Aus dem gleißenden Sonnenlicht in das eher dämmrige Café kommend war es wohl für seine Augen schwierig, mich zu entdecken. Ich sah, wie er sich suchend umsah und näher kam. Sein Gang war gebeugt und er war lässig in Jeans und T-Shirt gekleidet und seine Arbeitssachen trug er in einem schwarzen Rucksack. Er wirkte müde, aber als er meinem Tisch näher kam, lächelte er. Er musste es sein, aber vom Foto her erkannte ich ihn eher weniger. Wir begrüßten uns und ich versuchte irritiert das Bild mit seinem Aussehen in Verbindung zu bringen, er wirkte völlig anders. Er war in der Realität meiner unglücklichen Liebe nicht annähernd ähnlich, ein völlig anderer Typ!

Meine Enttäuschung konnte ich bestimmt nicht so verbergen, wir bestellten nun jeder eine Tasse Kaffee. Ich hatte inzwischen zwar ziemlichen Hunger, doch traute ich mich nicht, nur für mich Essen zu bestellen, gerade essen ist mit einem Fremden doch eine zu intime Tätigkeit, kauen und schlucken, das geht dann nur gemeinsam, aber nicht allein mit seinen Augen auf mich gerichtet. Wir unterhielten uns und fragten gegenseitig nach unserer Arbeit und nach Kindern, Ehe, Scheidung, all die typischen Themen, wir wussten ja noch gar nichts voneinander. Er kam aus Polen, lebte aber bereits seit 20 Jahren in Berlin.

Wir saßen fast drei Stunden, wegen seiner doch schlechten Aussprache musste ich öfter nachfragen und auch die Kellnerin fragte öfter nach, ob sie uns noch etwas bringen dürfe. Hätte ich vorher gewusst, dass wir dort drei Stunden sitzen würden, hätte ich mir noch etwas zu trinken bestellt, aber ich empfand die Atmosphäre schwankend zwischen uns, rechnete mit baldigem Aufbruch, doch wir saßen und sprachen weiter und unterhielten uns die letzten beiden Stunden mit leeren Kaffeetassen.

Mir fiel nach einer Weile auf, dass er viel von seiner Frau sprach, während ich von meinem Ex-Mann berichtete. Er war bereits seit zwölf Jahren geschieden und betitelte sie noch als „seine Frau“. Ich hatte die rechtskräftige Scheidung gerade hinter mir und konzentrierte mich darauf, dass mir nach 34 Jahren nicht doch „mein Mann“ zwischen den Lippen hervorhuschte, weil das hier ein Date war und mein Mann nicht mehr mein Mann, sondern nun ganz aktuell mein Ex-Mann war. Er aber schien nicht zu merken, wie skurril sein Berichten über „seine Frau“ auf mich wirkte.

„Ich habe dann wegen meiner drei Kinder meinen Beruf an den Nagel gehangen und als Familienmanagerin, Köchin, Putzfrau und Erzieherin viele Jahre gelebt“, erzählte ich ihm ein bisschen schmunzelnd, woraufhin seine ernste Antwort „Also, meine Frau musste immer auch arbeiten!“, mir das Lächeln im Halse erstickte. „Also“, fing auch ich dann meinen Satz so an „ich habe mir daheim bei meinen Kindern nicht die Nägel lackiert!“ Er hatte einen Sohn und konnte sich offensichtlich nicht vorstellen, dass drei Kinder eigentlich nicht vergleichbar waren mit einem. Und selbst wenn, schon allein dass ich mich hier genötigt fühlte, mich für mein bisheriges Leben zu rechtfertigen, ließen noch die letzten Reste Sympathien für ihn schwinden. Die Stimmung kippte, jedenfalls bei mir. Für mich kullerte das Wort „wir“ samt aller Hoffnungen unter den Tisch und er bemerkte es nicht einmal und schien sich nicht danach bücken zu wollen. Von Rechtfertigungen hatte ich genug, meine Kinder sind erwachsen und stehen stabil im Leben und muss ich ihm erklären, dass ich meine Jahre nicht vergeudet fand?

Nach fast drei Stunden kam die Kellnerin, wir wollten bezahlen und als sie fragte: „Zahlen Sie zusammen oder getrennt?“ antwortete mein Begleiter schneller als ich Luftholen konnte, „Getrennt“ und ließ sich den Bon bringen. Wir hatten beide eine einzige Tasse Kaffee getrunken! Obwohl er fremd für mich war - immerhin hatte ich gerade 180 Minuten meines Lebens mit ihm an einem Tisch verbracht - war es mir äußerst peinlich und ich hatte einen Reflex zu sagen, dass ich die Rechnung übernehmen würde, um der armen Kellnerin das Auseinanderdividieren zu ersparen. Doch er legte schon seinen Anteil ohne Trinkgeld auf den Tisch und ich tat es ihm gleich und legte fast das Doppelte drauf, so oft wie sie nach uns geschaut hatte in dieser langen Zeit.

Als wir zusammen das Café verließen, war mir klar, dass ich ihn nicht wiedersehen wollte. Er fragte draußen noch tatsächlich, ob wir uns wiedersähen. Ich sagte, wir hätten ja unsere Nummern. Ich fand seine Frage zwar lächerlich nach diesem Treffen und gab mir keine Mühe, ihn das nicht spüren zu lassen. Aber ich war zögerlich mit einer klaren Absage, weil ich meine gefühlsgesteuerten Gedanken in diesem Moment selbst erst einmal zu verarbeiten hatte, bedeutete es doch das Zerschmettern der Hoffnung auf ein gemeinsames Glück und dies auch noch zu bekunden. Wir gingen bis zur S-Bahn noch nebeneinander her und er erzählte mir von seinem Einkauf, den er nun tätigen werde, aber das interessierte mich schon alles nicht mehr, ich hatte mit meiner Enttäuschung zu kämpfen. All die ganze Aufregung vorher war umsonst!

Er hatte auch sicherlich eine schwere Startposition bei mir gehabt. Mit einer vergangenen Liebe verglichen zu werden, birgt natürlich immer ein großes Potential zum Scheitern. Doch das ist das Leben, so sind die Menschen, es gibt bestimmt genug Männer, die immer auf den gleichen Frauentyp schauen, die blonde Frauen wollen, die mir gar keine Chance geben, mich kennenzulernen. Und dieser Mann hatte definitiv seine Chance, aber offensichtlich suchte er ebenfalls ein Abbild seiner geschiedenen Frau, mit der er damals vor zwanzig Jahren sein Heimatland verlassen hatte.

Es war genau wie bei Jerome ein Nachbarland und für mich war es aus der ersten Nachricht natürlich nicht ersichtlich, dass ich auf keinen gebürtigen deutschen Mann stieß. Die Angaben auf der Profilseite beschränkten sich auf die Sprachen, die jemand zusätzlich spricht. Es wäre auch unerheblich bei meiner Auswahl. Ich schaue auf den einzelnen Menschen und suche weder explizit nach ausländischen Männern, noch schließe ich solche aus. Ich halte mich da für aufgeschlossen und offen und habe mir eigentlich nie darum Gedanken gemacht. Er war seit mehr als einem Jahrzehnt bei einer Firma tätig und hatte eine gesicherte Arbeitsstelle, die letzte große Veränderung war wohl die Scheidung von seiner Frau, dementsprechend unflexibel wirkte er auf mich, einsam mit sich selbst zufrieden und in Gedanken noch zu der Frau gehörend, die mit ihm hier den neuen Lebensmittelpunkt aufgebaut hatte. Mein Nachdenken über ihn bestätigte meine Gefühle. Wir haben nie wieder etwas voneinander gehört.

Im Nachhinein denke ich, dass sein Foto bei Weitem nicht mehr aktuell war. Er hat dies sogar noch immer drin, obwohl weitere Jahre vergangen sind. Er war damals bereits schon seit langem nicht mehr aktiv dabei, hatte ja nur auf mein Anschreiben reagiert, während für mich die Aufregung diesbezüglich noch sehr viel größer war.

Trotzdem empfand ich es als befremdlich, dass er nach drei Stunden Unterhaltung auf getrennte Rechnungen bei nur zwei Tassen Kaffee bestand, wovon er immerhin eine selbst getrunken hatte. Es war in der Tat das unpersönlichste Kennenlernen, das ich in diesen Jahren erlebte.

Ich fuhr sehr traurig mit der S-Bahn heim, traurig, dass ich wohl nie wieder einen Mann finden werde, der in mir ein großes Glücksgefühl hervorruft und vor allem zu mir stehen will. An diesem Abend fühlte ich mich besonders einsam, aber die Nachrichten in meinem Postfach leuchteten wie Lichtjahre entfernte Sterne der Hoffnung und sie spendeten wenigstens Trost.

Valentin

Und der Trost kam in Gestalt eines neuen Mannes! Auch er sah auf den Fotos - endlich mal mehr als nur ein Porträtbild - meiner unerfüllten Liebe so ähnlich, dass ich tanzend durch die Wohnung schwebte. Er schrieb zudem sehr zuvorkommend und schien ein echter Gentleman zu sein. Ich sollte mir den Treffpunkt aussuchen, er werde kommen, egal wann und wo. Ich verabredete mich an einem Samstagnachmittag mit ihm,

Valentin, 54, Angestellter, Abitur,

vor dem Rathaus Spandau. Da es ein warmer Spätfrühlingstag war, fuhr ich mit dem Fahrrad hin und konnte so meine Aufregung gut kompensieren. Es ist doch herrlich das Leben, die Sonne scheint, es ist warm und ich radele meinem Glück entgegen. Ich war übermütig und voller Freude.

Pünktlich schloss ich mein Rad am Ständer an und ging Richtung Rathauseingang. Ich schaute mich etwas um und dann entdeckte ich ihn sitzend auf der tiefen Steinmauer davor. Das musste er sein. Ich wusste ja inzwischen, die Fotos wirken einfach anders als die Männer in der Realität, aber trotzdem war ich wieder so dermaßen geplättet, die Enttäuschung muss mir im Gesicht gestanden haben. Auf seinen Fotos, wo er sich offensichtlich im Urlaub hatte fotografieren lassen, war er braungebrannt und sein Gesicht sah einfach anders aus. Dort trug er auch keine Brille. Natürlich wirkte er auf den Bildern wieder so viel größer als dieser blasse, Brille tragender Mann auf der Mauer vor mir! Nicht, dass ich etwas gegen eine Brille hätte, überhaupt nicht, aber das Gesicht kommt eben ganz anders zur Geltung. Ich trage schließlich selbst eine Brille, stehe aber auch dazu und habe sie auf den Bildern auf, abgelichtet so, wie ich eben aussehe, damit es keine Überraschungen gibt. Der Mann sah zu mir hoch und in dem Moment war ich mir sicher, dass er es tatsächlich sein müsste und da stand er auch schon auf. Er war es. Experten behaupten ja, in den ersten Sekunden wird alles entschieden, sie haben wohl recht, ich rang einfach nur nach Fassung und dachte, wie kann er so anders auf den Fotos wirken.

Er wirkte fast zart, zerbrechlich, kränklich und nicht so stark wie die Bilder ihn darstellten. Wir liefen ein Stück durch die Altstadt und meine ersten Sätze kamen bestimmt holprig, denn ich konnte ihm einfach keine Begeisterung entgegenjubeln. Er wird es gespürt haben, ganz bestimmt, denn wie zwei Fremde beschlossen wir, am Ende der Altstadt draußen in einem Café Platz zu nehmen. Wir bestellten jeder eine Tasse Kaffee, inzwischen kannte ich ja das Spiel und dann brauchte ich eigentlich nur noch zuzuhören. Er fing an von sich zu erzählen, von den Frauen, die ihn vorher nicht zu schätzen wussten und von seinen Fähigkeiten, sein Leben toll zu meistern und was er bereits alles Geniales erlebt habe. Und überhaupt, wenn sich eine nach dem ersten

Date nicht mehr melden würde, hätte er kein Problem damit. Hinterher laufen würde er sowieso keiner. Eine hätte ihn sogar mal geküsst und ihm anschließend geschrieben, dass es mit ihm nichts werde, weil sie nichts gespürt habe. Ich tröstete ihn und pflichtete ihm bei, dass er kein Versuchskaninchen sei und versicherte, dass ich ihn aus Testgründen nicht küssen werde, sondern nur, wenn auch tatsächlich Gefühle dahinter ständen. Es muss ihn sehr verletzt haben, eventuell war es ihm beim letzten Date gerade passiert, denn seine Empörung war noch so präsent, er war in seinem Stolz sehr verletzt. Ich konnte ihn aber diesbezüglich beruhigen, ich würde ihn ganz bestimmt nicht küssen. Dass ich nicht einmal seine Hand berühren wollte, sprach ich nicht aus. Er sprach sowieso die ganze Zeit nur von sich. Meine Gedanken spielten dabei ungezügelt verrückt, so fing ich an, mir seine Erzählungen bildhaft vorzustellen, wie er schimpfend den Zollbeamten zurechtwies und sah in meiner Fantasie ihn zusätzlich dann brüllend und sich mit den Fäusten auf die Brust hauend im Dschungel vor mir. Ich stellte mir seine Ex und ihn in Badehose und Badelatschen vor, wie sie gelangweilt nebeneinander in ihren Liegestühlen auf der Terrasse ihres perfekt aufgeräumtem Hauses lagen, ein Buch, eine Pflanze, ein lecker riechendes Essen oder irgendein Indiz für einen gelebten Alltag konnte ich in meinen Gedanken nicht entdecken, alles war nur steril und in jeder Hinsicht reizlos. Meine Gedanken wurden durch keine Gegenfrage unterbrochen, ich fing an mich zurückzulehnen.

Er gefiel sich selbst augenscheinlich gut. Nach guten anderthalb Stunden schlug er vor zu bezahlen. Es war ziemlich warm und wir hätten uns sonst bestimmt entscheiden müssen, noch etwas zu bestellen. Obwohl ich anbot, meinen Kaffee selbst zu bezahlen, übernahm er die Rechnung. Ich bedankte mich, dann erhoben wir uns und gingen wieder Richtung Rathaus zurück, dorthin, wo wir hergekommen waren.

Ich wollte so schnell wie möglich wieder zu meinem Fahrrad gelangen. Er passte sich meinem Schritttempo an und redete auf mich ein wie ein kleines Kind, was der Mutter ein Eis abschwatzen möchte. Ich ging mit entschlossenen Schritten und sah eigentlich nur noch nach vorn, er lief neben mir und erzählte gestikulierend und in schnellen Worten. Er beschrieb, wo er geparkt hatte und es ging auch darum, bis wohin wir gemeinsam noch gingen. Bevor wir uns verabschiedeten, standen wir uns noch einige Momente gegenüber. Ich wünschte ihm noch eine gute Heimfahrt und zeigte in die andere Richtung, die ich gleich einschlagen werde, dann verabschiedeten wir uns.

Ich war verwirrt über seine mir entgegengebrachte Aufgeschlossenheit gegen Ende unseres Dates. Es war, als sei er aus einem tranceähnlichen Zustand erwacht mit der plötzlichen Erkenntnis, dass ich ja nicht die Frau bin, die ihn – auch noch ungefragt – geküsst hatte. Ich bin eine andere und er wird mich wahrscheinlich nicht wiedersehen, denn nichts hat er von mir, keine Telefonnummer, kein Nachname und eigentlich weiß er nichts über mich, dafür weiß ich nun ganz genau, warum er mit seiner Frau nicht mehr im Haus leben wollte, was er alles kann und was er sich bei Frauen ganz bestimmt zukünftig nicht mehr antun wollte.

Es war noch fast Spätnachmittag und als ich die ersten Schritte allein weiterlief, merkte ich, das ich einen unsäglichen Appetit auf ein leckeres Eis und noch keine Lust nach Hause zu fahren hatte – es war schließlich Wochenende – und so betrat ich kurzerhand die Eisdiele, um mir ein wundervolles Schokoladeneis zu gönnen, mit welchem ich zwischen den Menschen vor der Eisdiele unter einem Baum Platz nahm und genüsslich daran leckte, ganz allein.

Was war nur los mit meinem Leben? Was war so schwierig daran, den richtigen Mann zu finden? Um mich herum konnte ich nur Pärchen und Familien mit Kindern erblicken. Meine waren schon erwachsen und lebten ihr eigenes Leben und ich musste mein Liebesglück alleine finden. Da klingelte auch schon mein Handy: „Mama, ist alles in Ordnung, du wolltest dich doch melden und wie war er?".

Meine Heimtour tat mir gut. Mit jedem Meter, den ich radelte, radelte ich meiner weiteren Zukunft entgegen und als ich daheim ankam und mein Rad im Keller abstellte, schloss ich gleich die Gedanken an diesen Mann mit ein und ging schon zuversichtlicher wieder die Treppen zu meiner Wohnung hoch.

Tristan

Ich hatte meine Sucheinstellung nur auf Berlin bezogen, doch ab und an schrieben mich auch Männer aus anderen Bundesländern an. Eigentlich wollte ich diese nach meinem ersten Date mit Kalle ja gar nicht mehr in Betracht ziehen, doch schließlich meldete sich

Tristan, 56, selbstständig, abgeschlossenes Studium,

und schaltete mit einem Lächeln seine Bilder frei. Auf allen Bildern war er in seiner ganzen Größe zu sehen, mal mit seinem Auto in den Bergen, mal vor einer Sehenswürdigkeit. Immer waren seine blonden längeren Haare vom Winde verweht und seine gute Laune sprang beim Betrachten der Bilder auf mich über. Er trug sportlich elegante Kleidung, auf dem einen Bild auch eine braune Lederjacke. Er gefiel mir auf dem ersten Blick.

Er wohnte zwar nicht in Berlin, aber bei diesem Mann würde ich ganz bestimmt mal eine Ausnahme machen. Ich war hin und weg und fühlte mich geschmeichelt, dass so ein beschäftigter Mann, der ständig auf Reisen war, mich bei seinem nächsten Berlin-Besuch unbedingt kennenlernen wollte. Dass er viel reist, schrieb er mir gleich, wir tauschten nicht so viele und auch nur kurze Nachrichten aus, die hauptsächlich darum gingen, wann wir beide Zeit füreinander hätten. Ich wusste also auch von diesem Mann nicht viel. Wir verabredeten uns tatsächlich an einem Samstagabend, es war noch hell und ein relativ warmer fast Sommertag, vor dem Café „Ampelmännchen“ in der Nähe der Gedächtniskirche. Er hatte das Café vorgeschlagen, ich kannte es noch nicht.

Ich war wieder etwas früher da und konnte die Menschen um mich herum beobachten. Ich stand allein auf dem Ku-Damm und wusste nicht, was mich erwartet. Er kam etwas später. Ich erkannte ihn erst auf dem fünften Blick. Der Mann kam auf mich zu, das musste er sein! Auf den Fotos war er blond und mindestens zehn kg leichter und bestimmt mindestens einige Jahre jünger. Ich schluckte, gut, er war fülliger, hatte braun gefärbte Haare und ein sehr viel verlebteres Gesicht als ich erwartet hatte. Aber er war sympathisch, ich gab mir innerlich einen Ruck und wollte mich auf ihn einlassen. Wir gingen ins Café, ergatterten einen Platz in dem engen überfüllten Raum an einem kleinen Tischchen, woraufhin er sich dann anstellen ging, um uns beiden einen Kaffee zu kaufen und ich durfte sitzenbleiben. Ich hatte Zeit, die Situation auf mich wirken zu lassen. Schon allein, dass er aufstand und einen Kaffee für uns besorgte und ihn sogar bezahlte und ihn gar selbst zum Tisch auf dem Tablett kredenzte, brachte ein wohliges Gefühl in mir hervor und wir fingen an, wie alte Freunde voller Freude über unser Treffen zu reden. Klar, stellte er gleich am Anfang richtig, er sei natürlich älter, doch wenn er sein wahres Alter schreibe, würden sich nur alte Damen, Lehrerinnen im Rentenalter und dergleichen bei ihm melden. Ich schluckte. Aber er wirkte tatsächlich voller Elan und daher dachte ich nicht weiter über seine Lüge nach. Wir verstanden uns auf Anhieb und was er berichtete, konnte ich gut nachvollziehen und fand es zusehends interessant. Mehr und mehr erzählte er von seinem Haus in Brandenburg und seiner eigentlichen Herkunft, wie er groß geworden ist und warum er Mannheim verlassen und Sport studiert hatte. Er übte inzwischen aber eine berufliche Tätigkeit aus, die ihm sein Hobby, ständig auf Reisen zu gehen und Rockkonzerte auf der ganzen Welt zu besuchen, ermöglichte. Ich hatte keinen Zweifel an seinen Erzählungen, alles klang schlüssig und nachvollziehbar und passte zu dem Mann, der vor mir saß. Als ich meinte, ich hätte für so viele Reisen ja gar kein Geld, meinte er, dass Geld überhaupt keine Rolle spiele. Ich bräuchte nur mit ihm mitzufahren, überall hin.

Nachdem wir wieder auf dem Ku-Damm standen, gingen wir dann Hand in Hand um die Gedächtniskirche herum spazieren, bis zum Aquarium und wieder zurück, er wollte fühlen, wie alles wirkt und ich sollte ebenfalls spüren wie es mit uns beiden wäre. Es war ein schönes Gefühl Hand in Hand plötzlich zu den Pärchen zu gehören an einem Wochenende in Berlin und ich fühlte mich für ein paar Minuten frei, völlig frei von allem, nichts spürend von der Probezeit in meinem Büro, von meinem Geldmangel nach der Scheidung und von dem plötzlichen Alleinsein in meiner kleinen Wohnung. Ich hatte wie angezaubert ein anderes Leben an der Hand. Ich brauchte nur die Hand festzuhalten und nie wieder loszulassen.

„Ich muss los, morgen fliege ich nach London zu einem Konzert, kommst du mit?“
Ich kann mir doch nicht von einem Mann, den ich eben gerade kennengelernt habe, eine Londonreise spendieren lassen, ich kann doch nicht an einem Nachmittag entscheiden, dass ich mein ganzes Leben, was ich die letzten Jahre mit großen Schwierigkeiten aufgebaut habe, einfach wegwerfen sollte, um in sein wunderschönes Haus einzuziehen und nun um die Welt zu reisen, dachte ich. Ich zögerte und meinte, dass es nicht gehe, weil ich Montag ja wieder auf der Arbeit erscheinen müsse, er wollte Montag erst wieder zurückkehren. Ich hatte plötzlich ein zweifelndes Gefühl, auch mir selbst gegenüber. Kann ich nicht einfach mal das Leben ausprobieren?

Ich blieb jedoch bei meinem „Nein“ und er brachte mich zum Bahnhof Zoo, wir gingen noch immer Hand in Hand.

Wir verabschiedeten uns mit einem Kuss, zwar auf dem Mund und etwas länger anhaltend, aber unsere Lippen waren geschlossen.

Ich fuhr mit der S-Bahn - wieder - allein heim und dachte über mein Leben nach. Klar, Mut gehört zum Neuanfang, aber komplett gleich alles zu ändern? Ich fuhr mit dem beschleichenden Gefühl heim, hier hätte ich die Weggabelung auch anders gehen können, ich habe es in der Hand gehabt und war nicht bereit, mein bisheriges Leben einfach hinzuwerfen. Nicht für einen Mann, den ich seit einem Tag kenne. Auch kommt dazu, dass ich nicht so gerne zu Rock-Konzerten gehe, ich gehe ungern zu Menschenversammlungen, ich fühle mich in Massenveranstaltungen sehr unwohl. Er hat seinen Traum gelebt und verwirklicht, nachdem er sein Leben lang viel gearbeitet hat, aber es war nicht mein Traum. Und ich kannte ihn nicht. Einfach sein Alter um Jahre zu verringern, finde ich darüber hinaus nicht sehr vertrauenserweckend und es schließt auf einen Charakterzug, der mir völlig fremd ist. So etwas bremst das Vertrauen aus.

Am nächsten Tag telefonierten wir, er vom Flughafen aus und den übernächsten Tag schickte er mir ein Foto vom Konzert, worauf ich nicht mehr antwortete, denn ich fand es tatsächlich nicht mal sehr beneidenswert, es wäre falsch gewesen, hier Begeisterung vorzutäuschen.

Was wollte ich eigentlich? Hier wurde mir ein neues Leben geboten und Geld sollte keine Rolle spielen, das Gegenteil von der Nichtübernahme einer Kaffeetasse, was schwebt mir vor? Ich musste mir auch tatsächlich dann von meiner Mutter anhören, dass ich selber schuld sei, noch allein zu sein, mir könnte keiner recht sein und es meldeten sich zum ersten Mal Zweifel, ob sie nicht ein bisschen Recht hatte, aber auch diese Tage vergingen und ich ging gestärkt daraus hervor.

Denn seit diesem Kontakt sah ich mein kleines Gehalt mit anderen Augen. Ich sah überhaupt zum ersten Mal mit so etwas wie Stolz auf mein Leben zurück und erkannte, dass ich die letzten Jahre hart darum gekämpft hatte, nach siebzehn Jahren vollständiger Abhängigkeit wieder berufstätig integriert zu sein und unabhängig und frei ein Leben selbstbestimmt leben zu dürfen, unabhängig von irgendeinem Mann, seinen Launen und der Hoffnung auf seinen Edelmut. Ich lebte zwar ein einfaches Leben, aber dieses habe ich mir mit Hilfe meiner Mutter, meiner Kinder und meinen Freundinnen selbst errungen, wie sollte ich das einfach von heute auf morgen wegwerfen können. Der Preis dafür war sehr hoch, seit vielen Jahren keinen Mann, der zu mir stand und seit fast zwei Jahrzehnten keine Urlaubsreise mehr, dafür hatte ich schlicht kein Geld. Und trotzdem konnten mich seine Reisen nicht locken, denn ich besaß etwas so Wertvolles, mein selbstbestimmtes Leben und meine Zufriedenheit über meine erwachsenen wohlgeratenen Kinder und nun wieder meine Berufserfahrung und damit die Sicherheit, immer und irgendwie einen Job zu bekommen und mein Vertrauen in mich, dass ich auf mein Herz gehört habe und es weiterhin so tun werde, die Gewissheit, dass mir mein Herz das Richtige sagte. Ich suchte also weiter.

Und ein Treffen mit ihm,

Sieke, 50, selbstständig, abgeschlossenes Studium,

ergab sich dann auch bald. An einem Freitagabend schrieben wir uns das erste Mal und am Pfingstmontag, nur drei Tage später, wollten wir uns sehen. Er gefiel mir auf dem Bild mit seinen braunen Augen und dunklen Haaren. Er trug ein Poloshirt und wirkte groß und irgendwie ein bisschen häuslich, nicht so mondän wie Tristan, aber sehr sympathisch, fast lieb. Mir gefiel das sehr. Wir trafen uns in der Altstadt Spandau vor dem Café26, welches leider geschlossen hatte. Wir hatten beide versäumt zu googlen, ob es an diesem Feiertag überhaupt geöffnet sei. Er stand bereits davor, als ich eilig um die Ecke bog und ihn auch sofort erblickte. Er kam mir riesig vor, war tatsächlich über 1,95 m groß und sah auffallend gut aus. Er war der erste Mann, der besser in der Realität aussah als auf seinen Fotos. Dort wirkte er zwar auch sehr sympathisch, aber die Eleganz, die er ausstrahlte, konnte man auf seinen Bildern nicht erahnen. Er war sportlich elegant gekleidet mit Jeans und Sommerpullover, eine schicke Sonnenbrille nahm er ab, als er mich erblickte. Er musste sich direkt zu mir bücken, um sich mit Blickkontakt unterhalten zu können. Auf diesen Mann war ich nicht so vorbereitet, ich hätte mir sonst etwas anderes angezogen. Ich war tatsächlich heute vor dem Spiegel hin- und hergerissen und musste mich schnell entscheiden, wollte ich nicht zu spät kommen. Das bereute ich gerade. Ich hätte in diesem Moment auch gerne meine Jeans und keine Bluse angehabt, ich fühlte mich in diesen Sekunden ein bisschen trist und hausbacken in meiner schwarzen Baumwollhose. Nun war es zu spät. Aber wir waren uns auf Anhieb sympathisch.

Wir liefen gemeinsam durch die Altstadt und machten in dem gemütlichen Restaurant „Meilenstein" Halt. Er war kein Berliner und noch neu in der Stadt, wohnte aber bereits in einem gemieteten Reihenhaus. Er hatte wie ich eine Ehe hinter sich, jedoch viele Verletzungen bei der Scheidung erfahren, denn offensichtlich wollte die Frau die Trennung nicht, zumindest – so stellte ich bei seinen Erzählungen fest - hing sie doch sehr an seiner finanziellen Versorgung und setzte das Kind hier bewusst dazu ein. Er wollte beruflich völlig neu starten und war gerade dabei, sich hier alles von vorne aufzubauen. In vielem konnte ich ihm folgen, hatte selbst einige Managementbücher gelesen und meinen gesamten Wiedereinstieg komplett allein bewerkstelligt und mich selbst oft genug mit der Alternative der Selbstständigkeit beschäftigt. Lediglich als er von seinen Flügen erzählte und den Gelegenheiten, im Sportflugzeug seine Ziele schneller zu erreichen, rückte ich innerlich etwas von ihm ab.

„Fliegen ist wohl nicht Deines?", erkundigte er sich und ich gestand ehrlich, dass ich noch nie darüber nachgedacht hätte und ich in dieser Hinsicht nicht gerade als mutig zu bezeichnen bin. In diesem Punkt bewunderte ich ihn sehr, aber uns trennten Welten, obwohl er immer wieder betonte, dass er eine ganz normale Frau suche. Er sprach auch mit sehr großem Respekt von seiner Mutter, die für die Familie da war und selbst keinen Beruf ausgeübt hatte.

War ich normal? Ich hatte einen mehr als normalen Beruf, war keine tolle Anwältin oder Ärztin, die bestimmt gut zu ihm gepasst hätte, die er aber eventuell nicht wollte. Hätte er mich sonst getroffen? Ist es normal, nach fast zwei Jahrzehnten Abhängigkeit sich wieder in den Beruf zu kämpfen mit jahrelangem Lernen am Wochenende, weil alle Kostengesetze neu reformiert wurden und ab und an einer Zeitung zu schreiben, was dann veröffentlicht wird? Ist es normal, das Kochen einzustellen, sobald die Kinder es nicht mehr benötigten, weil man jetzt allein wohnt und seine Energien in sein eigenes Leben steckt und immer wieder alles stehen und liegen lässt, um die Hoffnung auf ein Date zu haben, das endlich den Partner an der Seite für den Alltag hervorbringt, damit das Leben weiter lebenswert bleibt? Ist es normal, keinen Cent vom geschiedenen Mann entgegenzunehmen und dafür lieber noch den dritten Job anzunehmen? Und ist es normal, zu hoffen, eines Tages einen Top-Psychothriller zu schreiben, was die täglichen Fahrten ins Büro eines Tages ersetzen soll?

Ich überlegte zwischendurch, bin ich normal, was meint er, er betonte es öfter, wenn ich von meinen Vorstellungen und Leben erzählte. Er meinte wohl eher, meine eigenen Belange zurückzuschrauben und ihn zu begleiten bzw. mit dem selbst gekochten Essen auf seine Rückkehr zu warten. Wir hatten aber so viele Gesprächsthemen und tranken und lachten und nach zwei Stunden bestellten wir uns auch etwas zu essen.

Bei ihm kam kein Verlegenheitsgefühl auf, im Gegenteil, wir kicherten beide darüber, dass die Online-Plattform empfahl, beim ersten Date auf keinen Fall zu essen, erst beim zweiten oder dritten Treffen wäre dies empfehlenswert. Wir verstanden uns und wollten weiter erzählen. Wir erfuhren sehr viel von einander, berichteten auch von unseren Geschwistern, sprachen von der Leistungsgesellschaft und den Druck, den manche Kinder von ihren Eltern erfuhren. Und ich ließ ihn an meinen Träumen als Schriftstellerin teilhaben, auf die er aber nicht einging, er hätte es wohl interessanter gefunden, wenn ich mehr „normale" Visionen gehabt hätte.

Als es Abend war, nach mehr als vier Stunden, verabschiedeten wir uns mit einer Umarmung und guten Wünschen für den Heimweg. An einem Wiedersehen schienen wir beide nicht zu zweifeln, bis zum nächsten Mal, ein konkretes Datum nannten wir aber beide nicht.

Ich fuhr ganz beseelt nach Hause, allerdings mit dem Bus und ich bereute, in das Wetter am Mittag kein Vertrauen gehabt zu haben, es sah vorhin trüb und nach Regen aus und ich wollte nicht verregnet und mit zerlaufenem Make-up beim Date erscheinen. Er war mit dem Fahrrad gekommen und hatte sehr wohl auf dem Rückweg registriert, dass ich die kurze Strecke an einem warmen Feiertag mit dem Bus vorzog. Und ich hätte das Radfahren jetzt tatsächlich sehr genossen, ich wäre wahrscheinlich Schlangenlinien gefahren.

Diese Begegnung hatte mich definitiv beflügelt, das erste Mal.

Er war der Erste, mit dem ich mir eine Partnerschaft hätte vorstellen können. Erst daheim fiel mir auf, dass es auch das erste Mal war, dass ich von einem „Date-Mann" keine Handynummer erhalten hatte. Hätte ich unser Treffen absagen müssen, hätte ich das über die Online-Plattform machen müssen, wegen der Kurzfristigkeit hatte ich diesem Umstand aber keiner Beachtung geschenkt. Um ihn nach dem Treffen selber anzuschreiben, kam er mir damals „zu groß" vor, wenn ich an ihn dachte, sah ich ihn sein gemietetes Flugzeug lenken und in den Wolken verschwinden, aber ich vertraute auf unseren schönen Nachmittag. Ich wollte ihn nicht bedrängen und wartete voller Hoffnung auf ein Zeichen von ihm.

Zwei Tage später fand ich endlich die langersehnte Nachricht von ihm in meinem Postfach. „Die Krux an der Online-Plattform sei eben, dass man sich entscheiden müsse", schrieb er. Es täte ihm leid und er wünschte mir noch alles Gute. So kurz die Nachricht war, sie ließ auch keine Hoffnung mehr offen.

So ist das mit der Online-Suche, es sind genug andere vorhanden. Das Erst-Date ist eben nichts Verbindliches, vielleicht war dieses Treffen sowieso schon ein Zugeständnis von ihm. Es kam ja in der Tat so überraschend zu unserem Date, dass ich auch fast vermute, ich wurde „dazwischengeschoben", bevor er sich mit Jemanden trifft, mit der er schon länger geschrieben hatte. Aber das ist reine Spekulation. Vielleicht war ich sowieso auch gar nicht sein Typ und hier geht es nicht um Freundschaft schließen. Die Entscheidung hatte er jedenfalls getroffen. Es traf mich ziemlich. Meine Kinder hatten Mühe, um mir aufzuzeigen, dass dies dann einfach nicht der Richtige gewesen sei. So schmerzlich die Erfahrung auch war, ich dachte öfter mal an ihn zurück und daran, wie es wohl gewesen wäre, wenn er sich für mich entschieden hätte. Hätte ich das überhaupt durchgehalten, wäre ich da oben im Sportflugzeug nicht vor Angst eingegangen? Hätte er von mir verlangt, meine Flausen im Kopf vom Bücherschreiben zu begraben, um ihn in seinem neuen Projekt vollständig unterstützen zu können? Wie hätte mein Leben mit so einem Mann verlaufen können? Wäre ich nicht nur ein Anhängsel an der Seite meines Partners geworden? Kein angenehmer Gedanke.

Im Nachhinein bin ich sogar dankbar, dass er sich anders entschieden hat und nicht einschneidend für mein weiteres Schicksal war. Ich habe fast zwei Jahre später erneut sein Profil entdeckt. Entweder war er immer noch am Suchen oder schon wieder oder hatte vergessen, sein Profil endgültig zu löschen. Es fühlt sich jetzt richtig an, dass es mit uns nicht gepasst hat, aber damals litt ich doch heftigen Schmerz.

Ich sollte aber per Nachricht wieder getröstet werden. Bei ihm,

Matthias, 49, Urologe,

fühlten sich seine Nachrichten vertraut und wohltuend an. Er erinnerte mich an meine Kindheit. Mein Vater hatte das gleiche ausgeprägte Hobby – Langlauf – wie er, und er schien ebenfalls so introvertiert zu sein, denn seine Stimmungsprobleme löste er mit dem Laufen. Die Frage auf der Plattform: „Was tue ich, wenn ich schlechte Laune habe?“ hatte er mit „Laufen“ beantwortet und dies in den Nachrichten an mich so bestätigt. Auf den Bildern machte er einen drahtigen Eindruck wie ein Spitzensportler, hatte sich auch nach dem Lauf fotografiert und schaute spitzbübisch in die Kamera. Er trug offensichtlich keine Brille. Wir schrieben uns mit langen Nachrichten, als wenn wir uns schon länger kennen würden, trösteten uns, wenn im Alltag etwas nicht rund lief und schrieben uns hoffnungsvolle Zitate großer Dichter oder Philosophen. Es war wunderbar, seine Nachrichten im Postfach vorzufinden. Da es über mehrere Wochen ging – zwischen den Nachrichten lagen oft einige Tage - hatte ich in dieser Zeit zusätzlich Telefonate und schriftlichen Austausch mit anderen, doch kam ich immer wieder auf ihn zurück.

Er war da wie ein Fels in der Brandung und irgendwann beschloss ich, ihn zu fragen, ob wir uns nicht mal sehen wollten, denn nur eine Brieffreundschaft wollte ich eigentlich nicht. Er stimmte wohl schweren Herzens zu, denn er sei wohl feige, es sei gerade so schön mit uns und er hätte Angst, dass dieser, unser Zustand enden könnte, schrieb er mir. Ich verstand und wusste, was er meinte, doch wollte ich an einem Treffen festhalten, denn er war mir inzwischen so wichtig geworden, dass ich nicht mit gutem Gewissen andere Männer hätte treffen können und ich hatte inzwischen schließlich gleich mit Kalle erfahren, dass nur ein persönliches Kennenlernen mir aufzeigt, ob das Schreiben hier weiteren Sinn überhaupt macht. Ich war zu diesem Zeitpunkt noch umtrieben von der unbändigen Sehnsucht, endlich mal den richtigen Partner zu treffen und zu Jemanden zu gehören.

Wir verabredeten uns in Charlottenburg im Kaffeehaus Mila, in dem gleichen Café, welches ich durch Jannik kennenlernte. Die freundliche Bedienung und das Ambiente hatte ich in positiver Erinnerung, denn diesmal sollte ich den Treffpunkt vorschlagen.

Es war Sonntagnachmittag, ein warmer Sommertag, und ich betrat pünktlich das Café. Er war noch nicht da und kam dann auch tatsächlich zehn Minuten später. Zehn Minuten gebe ich immer Karenzzeit, auch ich kann mich mal verplanen. Ich erlebe das oft mit Mandanten im Büro, selbst bei wichtigen Kaufverträgen. Manchmal verschätzt man sich eben bei Verabredungen, die nicht alltäglich sind. Typisch war auch - da er gleich in der Nähe wohnte -, später als ich zu kommen. Dieses Phänomen, dass die Leute, die am nächsten wohnen, meist am spätesten kommen, kenne ich bereits aus der Schule und den Büros. Sein Lächeln und seine Entschuldigung ließen mich sofort die Wartezeit vergessen, denn ich entnahm sogar seiner Körperhaltung und seiner Mimik, dass es ihm unangenehm und auf keinen Fall geplant war. Er hatte die Schultern hochgezogen und ein großes Fragezeichen stand auf seiner Stirn geschrieben. Er kam ebenfalls mit dem Rad, er hatte es ja nicht weit gehabt, ich hätte es eher befremdlich gefunden, hätte er sich in sein Auto gesetzt bei diesem schönen Sonnentag.

Er hatte tatsächlich eine Langlauffigur wie sie bei berühmten Marathons im Fernsehen zu sehen sind, noch weniger Fett als zum Leben notwendig, so erschien es mir, aber trotzdem empfand ich ihn als attraktiver als auf den Fotos, er sah trotz allem männlich aus. Ich war doch angenehm überrascht.

Die vielen Nachrichten waren diesmal nicht aus dem Gedächtnis gezaubert, sondern untermauerten unsere Begegnung, so dass ich mich von Anfang an mit ihm wohlfühlte.

Wir setzten uns draußen in den Hintergarten des Cafés und unterhielten uns. Da wir uns schon länger geschrieben hatten, knüpfen unsere Gespräche schon fast im

Alltag an, denn alle Hintergrundinformationen, wie alt unsere Kinder waren, wie lange unsere Scheidung zurücklag, wie und wann wir arbeiteten, kannten wir bereits über uns. Er hatte auch zwei große Kinder, allerdings von unterschiedlichen Frauen. Verheiratet und geschieden war er mit der letzten Frau, die älter war als er und mit der er aber dann keine Kinder hatte. Schließlich hatten wir uns gegenseitig bereits schon öfter Mut für den Alltag zugesprochen. Insofern war unser Gespräch nicht ganz so lustig, wir sprachen von seinen Verpflichtungen und von seinem jüngeren Kind, was er noch zu versorgen hatte. Auch um seine Eltern musste er sich noch kümmern, was – da sie nicht in Berlin wohnten – letztendlich nicht selten mit einer Wochenendfahrt verbunden war. Aber wir lachten auch gemeinsam, es war direkt vertraut und trotzdem alles neu.

Er gefiel mir schon sehr, aber er schien offensichtlich überhaupt keine freie Minute für eine Partnerschaft zu haben und jammerte gleichzeitig über sein Alleinsein und darüber, dass er seine gutgehende Praxis in einer anderen Stadt wegen seiner letzten Frau aufgegeben hatte und hier in Berlin nicht glücklich war. Die Verletzungen dieser Frau standen über uns, konnte er je mal wieder einer anderen Frau trauen? Ich war voller Hoffnung für uns, denn auch er sagte mir, dass ich sympathisch sei und er sich mit mir sehr wohl fühle. Auch kannte ich mich ja und wusste, dass ich mich bestimmt nicht so wie seine letzte Frau verhalten würde. Ich fand ihr Verhalten, ihn in seinem Zuhause mit einem anderen Mann zu betrügen, auch extrem verletzend. Sie hätte vorher mit ihm reden müssen, denn sie beendete ganz abrupt die Ehe. Ich konnte ihn also verstehen und unsere Hände fingen an, sich zufällig auf dem Tisch zu berühren und es war sehr angenehm.

Wir hatten uns Kaffee und ich diesmal auch ein Stück Erdbeerkuchen bestellt, was ich dann gegebenenfalls selbst bezahlt hätte. Bei ihm war die Scheu, den Kuchen zu essen, ohne dass er etwas zu sich nahm, nicht vorhanden. Er begründete seinen heutigen Verzicht auf Kuchen mit einer rigiden Ernährung wegen eines bevorstehenden Marathons, bestellte sich stattdessen zusätzlich ein gespritztes Bier, und wir ließen es uns beide schmecken. Es war dort ein gemütliches Örtchen, die Bedienung nett und frohgelaunt und ich kam mir vor wie mitten im Urlaub.

Ich war glücklich, ihn getroffen zu haben und genoss die Situation, unsere Chemie stimmte und so verflogen zweieinhalb Stunden, als er meinte, er müsse noch einmal in seine Praxis fahren zum Abrechnen, seine Angestellte hatte sich für morgen krankgemeldet. Ich war direkt ein bisschen traurig, ein neues aufkommendes Gefühl bei mir, was ich von einem Erst-Date so noch nie kannte.

Er bezahlte alles und wir verabschiedeten uns auf ein Wiedersehen.

Eigentlich ein perfektes erstes Treffen!

In den darauffolgenden Tagen bot ich ihm sogar meine Hilfe in seiner Praxis an meinem freien Tag an. Ich wollte nur eine Möglichkeit schaffen, dass wir uns sehen und uns besser kennenlernen, denn sein Terminkalender war vollkommen ausgebucht. Berufliches Engagement, seine pflegebedürftigen Eltern, seine Kinder, sogar seine eine Ex-Frau, die Unterstützung brauchte, weil das Kind bei ihr wohnte, verlangten seine Aufmerksamkeit und vor allem sein Hobby und der Ehrgeiz, mit 50 eine bessere Zeit laufen zu können als früher. Für eine Partnerin hatte er schlicht keine Zeit, unsere Nachrichten waren für ihn definitiv genug. So würde ich das mit Abstand beurteilen.

Jeder Mensch lebt sein Leben und hat natürlich auch verschiedene Phasen, in welcher das eine oder andere Lebensthema gerade Vorrang hat bzw. Dinge zu verarbeiten und abzulegen sind, die einfach Zeit brauchen. Hier hatten wir beide wohl Pech. Wir beide wünschten uns nichts sehnlicher als einen Partner, doch ich hatte evtl. zu viel Nachholbedarf, was die körperliche Nähe anbelangte, denn zu viele Jahre hatte ich gebraucht, um mein Leben lebenswert zu gestalten und allein aufzubauen, ich sehnte mich definitiv auch nach einem Partner zum Anfassen und war zu ungeduldig bzw. wartete immer sehnsüchtig auf eine Nachricht von ihm. Wir hatten beide ein anderes Tempo zu diesem Zeitpunkt. Ich hab das nicht gleich erkannt.

Wir trafen uns tatsächlich noch einmal in einen Restaurant. Er lud mich auch ein, und ich genoss es, denn wir hatten uns wieder viel zu erzählen und diesmal verabschiedeten wir uns mit Umarmung. Anschließend passierte nichts mehr, nur zwei Telefonate und dann wollte ich ihn – weil er bisher alles bezahlt hatte – auch mal einladen, zu einem Kinobesuch. Ein bisschen fühlte es sich falsch an, weil ich spürte, dass er selbst keine Eile hatte, aber hier reagierte ich wie ein Kind, jetzt und sofort wollte ich ihn bald wiedersehen. Wie sollte man sich sonst näher kennenlernen? Ich war so lange schon allein. Aber Druck auszuüben war natürlich der falsche Weg.

Er wollte stattdessen erst mit seiner Tochter verreisen und dann erreichte mich vor seiner Abfahrt eine Nachricht, die ich so kaum glauben konnte. Er jammerte darin böse herum, schrieb mir auch ohne Anrede oder Grußformel, prangerte das System an, er hatte eine Steuernachzahlung erhalten. Als ich ihm zurückschrieb und versuchte positive Stimmung aufkommen zu lassen, erhielt ich eine regelrechte Ohrfeige in Form einer weiteren Nachricht, die mehr einem Diskussionsbeitrag in einer politischen Runde glich – wohlbemerkt alles über die Online-Partnersuche-Plattform. Ich antwortete nicht mehr darauf, unser Verhältnis war jetzt nicht so fest, dass es dermaßen einseitig von einer Seite belastet werden konnte, die Höflichkeit fehlte völlig. Ich war entsetzt. Ich hätte kein Problem gehabt, ihm zu helfen oder unterstützend beizustehen, aber dieses Schreiben empfand ich als respektlos, ich kann politische Probleme auch nicht lösen, aber deshalb als Blitzableiter zu fungieren, verletzte mich. Ich war so verletzt von dem unfreundlichen Ausbruch von Wut und Enttäuschung, der mir ohne ein einziges freundliches Grußwort ins Gesicht schlug, dass ich schlicht nichts mehr antwortete.

Nichtantworten, das hatte ich so noch nie gemacht, aber ich zog für mich daraus den Schluss, dieser Mann möchte keinen Kontakt mehr, er würde sich sonst anders verhalten, anders schreiben, ich wollte ihn von einer Abschiedsmail verschonen und mich auch. Ich hatte ihn verstanden.

Er fuhr dann wohl in den Urlaub, denn sein Profilbild wurde mit einem Sonnenuntergangsbild am Meer ausgetauscht und in der Tat hörte ich keinen Mucks von ihm. Am Anfang hatte ich noch gehofft, dass er schrieb, wenn er wieder bei Besinnung war und im Urlaub zur Ruhe kam. Ich musste noch öfter an ihn denken, chattete aber schon wieder den neuen Anfragen entgegen und fühlte mich bestätigt, dass ich sein Schreiben wohl richtig verstanden hätte.

Wochen später, ich war gerade bei meiner Mutter, erschien auf dem Handy eine Nachricht von ihm. Zu diesem Zeitpunkt hatte ich seine Handynummer schon längst gelöscht. Das könne ja wohl so mit uns nichts werden, schrieb er. Ich war fassungslos und schrieb ihm zurück, dass ich davon jetzt auch ausgegangen sei nach seiner letzten Nachricht und wie er sich verhalten habe. Ich wünschte ihm noch Glück für sein Leben und löschte seine Nachricht.

Ich musste noch öfter mal an ihn denken, unsere Zeitfenster haben nicht gepasst, wollte er nur diskutieren? Ich habe ihm fast mehr angeboten als mir gut getan hätte. Selbst viele, viele Jahre keinen Urlaub mehr gehabt zu haben, bot ich ihm gleich meinen freien Arbeitstag an. Natürlich ist das meine Schuld, er hatte es ja nicht annehmen wollen - worüber ich im Nachhinein sehr froh bin - es muss eben von beiden Seiten gleichzeitig das Nehmen und Geben stimmig sein, die Phasen übereinstimmen und die Erwartungen so wie das Nähe- und Distanzverhältnis.

Die Suche nach dem passenden Partner gleicht einer Suche nach der Stecknadel im Heuhaufen. Es machte mich schon sehr traurig, dass meine so freudvoll erwachten Hoffnungen wieder zerplatzten wie ein Ballon im Freien, der ständig Gefahren ausgesetzt war und dem Risiko der spitzen Äste, die ihn aufspießen, nicht entrinnen konnte. Wir hatten wahrscheinlich keine Chance, zu sehr waren wir beide mit unserem Leben, Überleben, Verletzungen beschäftigt. Gelöscht haben wir uns beide nicht auf der Plattform und ab und an schaute ich sein Bild an und wünsche ihm, dass er seine Bestzeit inzwischen gelaufen ist.

Das Scheitern der Hoffnung auf eine Beziehung mit diesem Mann setzte eine weitere Veränderung in meinem Bewusstsein in Gang. Zum ersten Mal dachte ich darüber nach, warum ich es als normal empfand, mich in jemanden verlieben zu wollen bzw. warum ich es anziehend fand, wenn der Mann eigentlich mit seinem Leben selbst mehr beschäftigt war, als mir zu zeigen, dass er überhaupt an mir interessiert scheint. Irgendwie mochte ich wohl auch das In-Ruhe-gelassen-werden, denn andere Männer gingen mir tatsächlich sehr schnell zu nahe, ich brauchte auch selbst sehr viel Freiraum für mich, so schonungslos klar, war es mir vorher nicht. Aufgewachsen mit einem Vater, der viel arbeitete, wenig sprach und sich wenig mit mir befasste, doch an seiner Liebe keinen Zweifel ließ, weil er abends nochmals losfuhr, um mir meinen geliebten Teddy zu holen, den ich im Garten vergessen hatte, der mir die Kontaktlinsen bezahlte, weil ich mir wegen der neuen Brille die Augen ausweinte, der mit mir losging und Physik- und Englischbücher zu kaufen, um mich auch in der Schule zu unterstützen, der am Samstag Brötchen kaufte und mich zur Schule fuhr, alles seltene Handlungen, doch sie haben sich in mein Gehirn gebrannt unter der Rubrik, dein Vater liebt dich, das tut er extra nur für dich. Im Alltag selbst habe ich ihn oft kaum gesehen. Ich lernte schon als Kind mich selbst zu beschäftigen, las und schrieb ja viel, Turnen, Ballett, Chor, Flöte, Stricken, Häkeln, Nähen und so vieles mehr sorgten dafür , dass ich in meiner Kindheit selbst sehr beschäftigt war.

Was das für Auswirkungen auf das Nähe- und Distanzverhältnis später in der Partnerschaft hatte, war mir so nicht bewusst gewesen. Aber es war tatsächlich ein Aspekt, der zusätzlich noch passen bzw. dessen man sich bewusst sein musste, wenn es mal in der Partnerschaft Probleme in dieser Hinsicht gibt.

Mir war plötzlich klar, dass ich keinen Mann haben möchte, der schon dauernd sehnsüchtig darauf wartet, dass ich endlich heim komme und selbst nichts anderes zu tun hat. Ich würde deshalb gerne einen sehr beschäftigten Mann finden wollen. Das hatte mich gleichzeitig zusätzlich bei ihm angezogen. So bewusst hatte ich das noch nie gesehen. Aber der gegenseitige Respekt muss schon vorhanden sein. Auch, wenn ein Mann beruflich Karriere gemacht hat, sollte er auch mit Wertschätzung auf mein Leben schauen. Mich selbst kleiner zu machen als ich war, das wollte ich nicht mehr.

Meine Lebenslust und –neugier und das Gefühl, das man verspürt, wenn man laut in das Universum rufen möchte, „Hallo, hier bin ich, jetzt bin ich mal dran, es muss doch einen Menschen geben, der zu mir stehen will und sich freut, dass ich zu ihm stehen will, es muss ihn doch geben!“ machte sich in mir breit. „Hallooooo“, laut rief ich innerlich, immer lauter wurde meine Stimme.

Ließen sich meine Kinder und Mutter und Freundinnen am Anfang noch jede Einzelheiten meiner Bekanntschaften erzählen, verloren sie mit der Zeit den Glauben an das jeweils derzeitige Date, mein großer Sohn sagte nun insbesondere nach der Geschichte mit Matthias: „Überstehe erst einmal drei Treffen, dann kannst du mir mehr von ihm berichten.“.

Im Grunde hatte er recht, aber letztendlich war dies doch gerade mein Leben. Wie heißt es so schön, der Weg ist das Ziel. Nathalie sagte, sie bewundere mich, dass ich noch so optimistisch sei und mich nicht verbittert zurückziehen würde. So sehe ich das aber ganz und gar nicht, immerhin hatte ich ständig erneute Hoffnung auf eine neue Liebe, die immer neu aufkommende Hoffnung bereicherte mein Leben und ließ mich die partnerschaftliche Einsamkeit aushalten. Immerhin durfte ich mich über weitere neue Bekanntschaften freuen.

Letztendlich empfand ich es auch als ein Geschenk, wenn die Tage des Erwachens nach einem ernüchternden Date überstanden waren. An den schlechten Tagen fiel ich sehr tief, war am Verzweifeln, dachte, für mich würde sich der passende Mann nie mehr finden und ich sah in meiner Umgebung nur glückliche Pärchen durch das Leben gehen. Aber ich wollte endlich so gerne dazugehören!

Friedrich

Und so ging es weiter zu einem, der mir beim Anblick seines Bildes die Luft zum Atmen raubte,

Friedrich, 47, Betriebsvolkswirt.

Auf dem einzigen Bild von ihm war nur ganz groß sein Gesicht zu erkennen, wow, sah dieser Mann noch jung aus. Er sah mit großen braunen Augen und vollen mittelbraunen Haaren, die zu einem langen Zopf gebunden waren, allerdings ohne Lächeln, in die Kamera. Er war wohl der bestaussehendste Mann, der sich tatsächlich, nach nur zwei Nachrichten mit mir am nächsten Wochenende treffen wollte. In der Woche, die dazwischen lag, telefonierten wir – und wie! Einmal telefonierten wir fast die ganze Nacht durch, von abends 22 Uhr bis halb fünf morgens. Er hatte zudem eine wunderbare weiche männliche Stimme und eine perfekte Aussprache als gebürtiger Österreicher, was man ihm allerdings sprachlich gar nicht anhörte. Es war herrlich, ich war von seinem Sprechen fasziniert, und wir redeten über Gott und die Welt. Wir sprachen nicht über erlittene Verletzungen, sondern über unsere Träume und Wünsche und was wir sexy fanden, warum und wieso und im Nachhinein würde ich sagen, es waren schon auch sehr erotische Gespräche bzw. Gesprächsphasen dabei. Der einzige Stich, den ich zwischenzeitlich bei mir bemerkte, war die Mitteilung seinerseits, dass er eigentlich eine Brille total unsexy fände, aber die ließe sich ja schließlich abnehmen. Wir wollten am Samstag am Kurfürsten-Damm ins Kino gehen, es war inzwischen noch warmer Sommer und ich hatte keinen Zweifel, einer wunderbaren Zeit zu zweit entgegenzusehen. Diesmal machte ich mich besonders liebevoll zurecht, alles sollte schön aussehen, ich wollte mein Gefühl der inneren Jubelschreie mit meinem Äußeren zum Ausdruck bringen und verbrachte im Bad geschlagene zwei Stunden, woraufhin ich mit der gefühlten Grunderneuerung federnden Ganges überpünktlich die Wohnung verließ.

Ich kam tatsächlich sehr pünktlich an, einige Minuten zu früh und stellte mich nervös auf die gegenüberliegende Straßenseite, den Eingang des Kinos im Blick. Ich lief einige Schritte hin und her und fixierte jeden Mann, der sich dem Kinoeingang näherte. So viele waren es nicht, die meisten Menschen gingen als Paar oder in Gruppen plaudernd nebeneinander entweder vorbei oder verschwanden gemeinsam im Eingang. Es wurde langsam später und so überquerte ich die Straße und wartete direkt vor dem Eingang. Ich dachte lächelnd, wenn er so wie ich wartet, warten wir beide woanders vergeblich. Es war bereits zehn Minuten nach der verabredeten Zeit, als mich seine Nachricht auf dem Handy, er sei noch unterwegs, es werde später, erreichte.

Es hat ja alles bekanntlich seinen Vorteil, mit jeder Minute Warten schwand ein wenig mehr von meiner Nervosität, vielmehr gingen mir mehr und mehr Gedanken des Zweifelns durch den Kopf.

Ich stand schon einmal immer sehr lange wartend irgendwo und ständig und hielt Ausschau nach meinen Ex-Mann, damals war ich 16, ich verharrte lange, auch schon mal zwei Stunden unter der Uhr am U-Bahnhof Ruhleben, rief zwischendurch meinen Ex aus der damals noch dortigen Telefonzelle an, wo mir seine Mutter - meine spätere Schwiegermutter - versicherte, er sei bereits unterwegs und müsse gleich ankommen. Erst Jahrzehnte später erfuhr ich, dass er meist noch daheim unter der Dusche stand. Das Leben hat mir tatsächlich das Geduldigsein honoriert, sonst gäbe es meine drei wundervollen Kinder nicht. Ohne Warten hätte ich das höchste Glück, was meine Kinder mir bedeuten, nie erfahren. Letztendlich haben wir aber nicht zusammen gepasst für ein ganzes Leben, eben gerade weil unter anderem diese Unzuverlässigkeit für mich nie nachvollziehbar war.

Mit jeder Minute kam ich innerlich wieder mehr bei mir an, wollte ich mir wieder so ein Verhalten gefallen lassen? Aber kann das nicht auch mal passieren? Schließlich müsste man abwarten, ob dies eine Ausnahme oder ein Ergebnis von falschem Zeitmanagement oder Respektlosigkeit war. So blieb ich und plierte weiterhin jeden vorbeigehenden Mann eindringlich an, um in ihm „mein Date“ zu erkennen.

Plötzlich tauchte er mit dem Rad vor mir auf. Da ich selbst kein Auto habe und ebenfalls viel mit dem Rad unterwegs bin, finde ich es nicht per se komisch, dass ein Mann angeradelt kommt. Doch hier kamen schon

Gedanken in mir hoch, ob er die Herfahrt zum Ku-Damm am Samstagabend nicht hätte anders organisieren können, damit er pünktlich ankommen konnte. Der große Mann, den ich erwartet hatte, entpuppte sich als zarte fast zerbrechliche Erscheinung, klar, ich hatte ja nur sein Gesicht in Riesenformat gesehen, welches nun hinter einem ungepflegten Bart vollständig verschwand. Hatte er sich vergessen umzuziehen? Mit solchen Jeans und Sweatshirt gehe ich meinen Keller aufräumen. Seine Größenangabe im Profil mit 1,85 m kann so nicht gestimmt haben. Als er abstieg und mich begrüßte kam mir ein Schwall von modrigem Geruch entgegen, definitiv hatte er keine zwei Stunden im Bad verbracht, ob er überhaupt eines besaß?

Das Hinderliche an solchen unerwarteten Eindrücken ist leider das „Vor-den-Kopf-Geschlagen-sein", die eigenen Erwartungen haben etwas vorgegaukelt und das gilt es jetzt in diesen Sekunden, diesen wichtigen Sekunden der ersten Begegnung, zu verdauen. Und wenn man dann wie vor den Kopf geschlagen erst einmal versucht, die Fassung wieder zu erlangen, sind die wichtigsten Momente der ersten Begegnung bereits vorüber und das Gespräch beginnt auf einem anderen Level als all die Telefonate vorher aufgehört hatten.

Sein Fahrrad war unterwegs kaputt gegangen, er hatte es notdürftig repariert und konnte auch nicht das Tempo damit erreichen, mit dem er normalerweise diese Strecke fährt. Auch hatte er vorher länger im Keller seinen Reifen reparieren müssen, aha, daher seine unangenehme Ausdünstung, schoss es mir in den Kopf. Die aufgeregten und positiv angeregten Gefühle, die während unserer Telefonate entstanden, wurden wie von einem Staubsauger eingesaugt und verschlungen und - schwupp - in den Gully der Straße unter seinem Fahrrad gespült; sie hinterließen nur eine Rauchwolke mit unangenehmem Geruch. Die vorher entstandenen Gefühle waren entsorgt!

Ich bin ein Mensch, der nicht vorschnell urteilen möchte, ich überlege mir dreimal, einem Menschen etwas zu sagen, bevor es ihn eventuell verletzen würde und denke immer verzeihend. Wenn ich dennoch jemanden mal verletze, passiert mir das völlig unabsichtlich. Es war Samstagabend und ich entschloss mich, diesen Menschen jetzt kennenlernen zu wollen und gemeinsam mit ihm ein nettes Treffen zu haben. Der Richtige, das war mir nach diesen ersten Minuten klar, ist auch dieser Mann – für mich – wohl nicht. Aufgrund seiner Verspätung verpassten wir den Kinoanfang und gingen schlendernd weiter und statt in ein Café schlug er vor, dass wir uns in das Stilwerk setzen könnten, dort unten seien Sitzgelegenheiten. Ich kannte das noch nicht und dachte, o.k., lerne ich das jetzt mal kennen. Zu viele Jahre habe ich mich mit der Kinderbetreuung befasst und unser Hausbau ließ nicht viel Geld für Ausflüge, schon gar nicht für das Shopping am Ku-Damm übrig, so dass dies allein schon für mich ein Abenteuer bedeutete. Da hatte er Glück mit mir. Wir bummelten aber nicht, sondern setzten uns gleich unten in die Möbel und ich ließ mich trotzdem glücklich fallen, weil ich lange genug beim Warten auf ihn gestanden hatte, immerhin fast eine Stunde.

Und dann unterhielten wir uns, wobei er meistens sprach. Die Themen waren diesmal wirtschaftlich – das hatte er studiert – und politisch und eigentlich haben wir ausreichend diskutiert. Mein Magen fing in diesen Stunden, es waren inzwischen drei Stunden vergangen, laut zu knurren an. Als wir von einer Mitarbeiterin des Centers gebeten wurden aufzustehen, damit sie abschließen könne, fiel uns auf, dass es Zeit wäre, zum Kino zu gehen, denn wir hatten zwischenzeitlich beschlossen, auf die nächste Vorstellung zu warten. Schon allein die Situation, dass wir zum Gehen aufgefordert werden mussten, empfand ich auch als unangenehm, das hatte ich so noch nie erlebt. Ich möchte lieber immer freiwillig gehen, das fühlt sich besser an. Von dem Stilwerk kannte ich aber die Öffnungszeiten nicht und war auch vorher zu tief mit ihm in die Gespräche verwickelt, sodass ich die Aufbruchstimmung um uns herum gar nicht wahrgenommen hatte. Bei dem Gedanken, nun noch eine ganze Filmlänge mit knurrendem Magen zu sitzen, überfiel mich Panik, und ich sagte ganz bestimmt - da war ich sehr stolz auf mich, der Mensch ist doch entwicklungsfähig, stellte ich in dieser Sekunde fest - : „Ich muss erst etwas essen, ich habe einen Riesenhunger und muss etwas zu mir nehmen!“.

Er kannte in der Nähe einen Kiosk, der wunderbare Hamburger verkaufte, frisch hergerichtet und in der Tat hatte er recht. Nur leider war er, wie ich dann erfuhr, Vegetarier und wollte gar nichts mitessen, auch keine Pommes oder Salat. Wir gingen also an den Stand und ich kaufte mir einen doppelten leckeren Hamburger, so groß, dass mein Mund fast Kiefersperre bekam und an einem Stehtisch aß ich dann den delikatesten Hamburger meines Lebens. Allein der Tipp von ihm war das Treffen wert, hier hatte ich kein Schamgefühl, er wollte nicht essen und mir schmeckte es himmlisch. Das hatte ich nach dem Warten auf ihn auch verdient! Allein dafür hatte sich dieses Treffen gelohnt.

Wir gingen anschließend zurück ins Kino und als wir unsere Karten holen wollten, wurde uns mitgeteilt, dass bereits alles ausverkauft war. Da standen wir wie zwei begossene Pudel und machten uns gemeinsam auf den Weg Richtung S-Bahn, ich wollte heimfahren.

Er schlug jedoch noch vor, in sein Lieblingscafé zu gehen und ich dachte, bei einem Getränk mal sitzen zu können – vorher Sitzen ohne Essen und Trinken, nachher Essen ohne Sitzen – wäre doch für einen Samstagabend noch eine nette Erfahrung und so stimmte ich zu. Wir saßen dann, trotz Holzstühlen eigentlich ganz gemütlich, er mit einem Kaffee und ich mit einem Kakao und sprachen über Beziehungen und Religionen und Menschen im Allgemeinen. Unterhalten konnten wir uns wirklich gut, nur wurde mir immer klarer, dass die Menschen so unterschiedlich sind, dass ich bisher in Bezug auf Beziehungen noch ein eingeschränktes Denken besaß, viel weitreichender noch als mir eigentlich schon bewusst war. Dass ich von meinem zukünftigen Partner Treue erwartete und tatsächlich jemanden suchte, der mir auf Augenhöhe begegnete und gleichzeitig auch in sexueller Hinsicht erfüllend für mich und ich für ihn sein wollte, kommentierte er nur mit einem Kopfschütteln.

„Annette, da suchst du ja das Höchste, was es überhaupt in der Menschheit gibt und das wirst du so auch gar nicht finden. Ich würde zu dir stehen, aber ob ich immer treu wäre, das denke ich kaum, das kann man von einem Menschen auch nicht erwarten.“ Er betonte dabei, dass er katholisch sei, aber in dieser Hinsicht nicht die Ansicht der Kirche vertrat und hier immer gerne mit ihr im Dialog bleiben wolle. Er wolle daher auch nicht der Kirche den Rücken kehren, sondern seine Ansicht leben und vertreten.

„Ich weiß, dass ich was Besonderes suche, quasi die romantische Liebe, die im Alltag gelebt wird und dass noch von beiden Seiten gleichstark“, entgegnete ich ihm „...und ich bezahle das auch schließlich mit dem Alleinsein. Aber lieber allein als den Geliebten mit mehreren Sexpartnern teilen zu müssen.“. Schon von Vornherein zu erwarten, dass ich Untreue als normal betrachte, fand ich zu befremdlich.

Wenn ich einen Mann in mein Leben lasse, dann ist er der einzige Mann, und ich möchte auch für ihn die einzige Frau sein. Wie das Leben dann zusammen weitergeht, steht auf einem anderen Blatt. Jedenfalls hätte es für die Liebe Konsequenzen, wenn Untreue plötzlich ein Thema wäre, egal mit welchem Ausgang. Aber von vornherein sich keine Treue schenken zu wollen, das war für mich damals kein Ausdruck von Liebe. Ich wollte aber lieben und zurückgeliebt werden. Sehnt man sich denn nicht nach dem Menschen, den man liebt und möchte mit ihm zusammen sein, und tut die Vorstellung nicht dann weh, wenn er anderen Menschen so nahe käme? Ob er das als altmodisch oder kleindenkend empfand, interessierte mich schon nicht mehr.

Hier fanden wir keinen Konsens. Als ich sagte, dass ich nun aufbreche wolle, legte er mir die zwei Euro und Cents für seinen Kaffee passend auf den Tisch, sagte, ich solle für ihn schon mal mit bezahlen und verschwand lange auf der Toilette. Ich zahlte unsere beiden Getränke und gab natürlich Trinkgeld. Er kam wieder, als ich mit dem Bezahlen fertig war und im Nachhinein frage ich mich, warum ich überhaupt noch auf ihn gewartet hatte.

Der Mensch macht wohl vieles aus Gewohnheit oder ich tat es, weil ich ein höflicher Mensch bin, wahrscheinlich kam hier beides zusammen.

Auf dem Heimweg fragte ich mich schon, wie ich mir einbilden konnte, einen Menschen einigermaßen einschätzen zu können. Nach einem Foto und selbst Telefonaten ist es fast unmöglich. Ein Erst-Treffen ist hier immer aufschlussreicher!

Ich erhielt noch zwei Wochen später eine Anfrage von ihm, ob wir den Kinobesuch noch einmal versuchen wollten, doch ich antwortete wahrheitsgemäß, dass ich nun einen anderen Kontakt gefunden hätte.

Christian

Denn die Telefonate mit ihm,

Christian, 52 Angestellter im IT-Bereich, abgeschlossenes Studium,

weckten in mir mehr denn je das Gefühl, endlich angekommen zu sein. Er war äußerlich ein mich auf den Bildern ansprechender Mann, normale Figur, ein eher dunkler Typ mit fast schwarzen Haaren und wieder dunklen Augen. Er war laut der Größenangabe nicht so groß, aber ich bin da nicht so festgelegt. Auf den Fotos wirkte er trotz allem riesig. Er suchte ebenfalls eine Partnerin, zu der er stehen wollte und die zu ihm halten sollte, und Treue in der Partnerschaft war für ihn selbstverständlich, was mir gerade nach Friedrich sehr wichtig war und wie Musik in meinen Ohren klang. Er nährte meine Hoffnung auf ein gemeinsames Leben mit seiner Ruhe, die er in den Gesprächen ausstrahlte. Wir telefonierten öfter länger, am Wochenende schon mal zwei Stunden vormittags und nach dem Mittagessen dann erneut. Die Zeit verfliegt eben, wenn man gegenseitig von sich erzählt und nachfragt, was einen am anderen interessiert. Wir stellten lachend unsere Vorliebe für blaue Küchen fest, thematisch waren wir bereits an unseren Einrichtungsgeschmäckern und Lieblingsgerichten angekommen.

Es war Sommer und warme Temperaturen herrschten, da ist man sowieso leicht und unbeschwert, aufgeschlossen und glücklich, wenn man sich versteht und sowieso in besserer Grundstimmung. Wir wollten uns treffen, es sollte am Wochenende sein.

Doch wir sahen uns schon früher! Ich hatte ihm unter anderem erzählt, dass ich mit meinem Rad morgens zum Rathaus Spandau fahre, an einem See vorbei, und ich gab ihm auch die Kilometerzahl an, die ich immer fuhr.

Es war Wochenmitte und wir standen übers Handy in Kontakt. Ich schrieb, dass ich bei meiner Mutter sei und nun heimradelte. Und er antwortete prompt, dass er mich unbedingt sehen wollte und auf dem großen Parkplatz in meiner Nähe stehen würde, um mich zu treffen. Ich fiel fast vom Rad, ich war eben gerade an diesem Parkplatz vorbeigefahren! Mein Herz raste. Konnte es sein, dass er tatsächlich auf diesem Parkplatz stand? Der Bezirk Spandau ist riesig. Das konnte doch wohl nicht sein! Ich fuhr nach Hause und zog mir eine andere Jeans und Schuhe an und machte mich tatsächlich gleich zu Fuß auf den Weg, nur einige Minuten von meiner Wohnung entfernt, zum Parkplatz. Ich rief vorher noch kurz meine Mutter an und teilte ihr mit, dass ich mit ihm verabredet sei und er mich einfach gefunden hätte.

Bis zu dieser Sekunde war ich noch sehr freudig aufgeregt und fasziniert von dem Gedanken, dass er mich gefunden hatte. Welche Frau lässt sich nicht gerne finden? Das kann doch wohl nur der Richtige sein, alle Rätsel gelöst, du hast es geschafft, wie der Auserwählte im Märchen. Ich jubelte. Meine Mutter reagierte jedoch sehr zurückhaltend und klang besorgt. „Das ist ja schon fast Auflauern, Annette, sei vorsichtig!"

„Mach dir keine Gedanken, Mama, dort laufen viele Leute spazieren, es ist Sommer und hell und es kann nichts passieren und juchhu, er hat mich gefunden!" antwortete ich schnell, ich war nicht mehr zu halten.

Mütter sind wohl immer besorgt, dachte ich noch und lief mit eiligen Schritten zum Parkplatz.

Er kam sofort auf mich zu und ich erkannte ihn, obwohl er sehr viel blasser und natürlich viel kleiner als auf seinen Fotos wirkte. Aber mit dieser Täuschung konnte ich inzwischen gut umgehen. Er sah trotzdem sympathisch aus und wenn alles andere stimmen sollte, warum nicht dieser Mann, dachte ich in den ersten Sekunden. Wir liefen auf einander zu und gaben uns freudig die Hand. „Wie hast du mich gefunden?" fragte ich und er freute sich über meine Freude und meinte, „das war nicht schwer." Weiter äußerte er sich nicht und ich war zu aufgeregt, um noch einmal nachzuhaken.

Wir beschlossen kurzerhand, eine Runde um den Teich gehen zu wollen, um uns in Ruhe unterhalten zu können. Es waren nette Gespräche und seine freundliche Ausstrahlung gefiel mir gut. Als wir die Runde beendet hatten, entschlossen wir uns noch für eine zweite Runde und waren schon für Samstag verabredet, den ganzen Tag gemeinsam verbringen zu wollen. Doch plötzlich kam ein Gesprächsthema auf, was mich emotional überrollte. Es wurde kurz von der DDR gesprochen und wäre hier von ihm ein Satz kurz erwidert worden, klar, bin auch froh, dass die Grenzen nun offen sind oder gut so, dass alles jetzt so ist wie es ist, wir wären zum nächsten Thema übergegangen und alles wäre gut gewesen. Ich weiß nicht einmal mehr, warum wir auf die DDR zu sprechen kamen, es war eigentlich am Rande und hätte keiner intensiven Gesprächsvertiefung bedurft. Doch Christian antwortete mir in geheimnisvoller Tonlage, dass er mir ... "schon mal dann auch in Ruhe erklären" wolle, dass es ihm „sehr gut dort ergangen" sei und er „nichts Schlechtes erlebt" habe. Und überhaupt sei ja „hier in der Bundesrepublik auch nicht alles so ideal".

Ich reagierte ziemlich emotional, hatte die Bücher im Kopf, die ich gelesen hatte, wo die Mutter unschuldig im Gefängnis saß, weil ihr Sohn aus der DDR geflüchtet war und sie von nichts wusste. Sie als Gebliebene wurde aber gefoltert im Gefängnis. Nachts alle zwei Stunden helles grelles Licht angemacht zu bekommen, ist eine Folterart und lässt sich nicht schönreden. Und die Akte bei dem Anwalt für Sozialrecht, der erste, der mich nach meiner Familienphase eingestellt hatte, schoss in meinen Kopf, dort hatten wir Schadensersatzansprüche geltend gemacht, weil der Mandant mit einem Knüppel Schläge auf sein Ohr erhalten hatte, während einer Vernehmung. Und bei dieser Vernehmung ging es nicht um eine Straftat, sondern um Gesagtes oder Nicht-Gesagtes, kurz um nicht zugestandene Meinungsfreiheit. Und als ich ihn fragte, was er denn zu den ganzen Zwangsadoptionen sagen würde, machte er den Kardinalfehler und verteidigte das Staatsgebaren und setzte noch dazu, dass hier ja schließlich auch die Kinder aus Familien genommen werden. „Ja“, rief ich fast, wenn die Gefahr des Kindes offensichtlich sei, weil die Eltern eventuell alkohol- oder heroinkrank seien, einfach, weil das Kind geschützt werden müsse. Er diskutierte mit mir und ich überschlug mich: „Klar, auch hier passieren manchmal Fehler, aber das Motiv! Das Motiv!“.

Ich wollte sofort nur nach Hause. Ich hatte damals unter anderem ein Buch über eine junge Frau in der DDR gelesen, der das Kind kurzerhand weggenommen wurde, damit es in einer Familie aufwuchs, die es im Sinne des Staates erziehen konnte. Die Bücher waren Erfahrungsberichte, die ich vor vielen Jahren gelesen hatte, die auf einmal in meinem Kopf so präsent an die Oberfläche sprangen und meine Gefühle beherrschten, die nach den gehörten Worten nicht einfach zur Tagesordnung übergehen konnten. Meine Gefühle ließen sich nicht stoppen. Ich selbst war als Berlinerin nur zweimal in die DDR eingereist. Einmal war ich noch ein Kind im Alter von zehn Jahren und wurde bei der Ausreise - es war schon spät abends - geweckt, musste das Auto verlassen, damit die Zollbeamten unsere Sitzbank zurück klappen und untersuchen konnten. Das zweite Mal war ich bereits schwanger und der so unfreundliche Zollbeamte schien Gefallen daran zu haben, uns verunsichern zu wollen. Ich fing damals sogar an zu weinen, denn mein Ex-Mann reagierte ziemlich ungehalten, und ich hatte die Geschichten der willkürlichen Verhaftungen im Kopf und den Rest taten meine hochsensiblen Hormone in der Schwangerschaft. Ich kannte ebenfalls die Erzählung von meinem Trainer, der über eine Nacht in der DDR festgenommen und verhört wurde, weil er sich erlaubt hatte, eine Lokomotive zu fotografieren. Er war Hobbyfotograf und interessierte sich für Eisenbahnen. Für die DDR war er damals sofort verdächtig. Vorbei war meine Begeisterung für diesen Mann, jedenfalls hatten hier jetzt Gefühle mein Befinden übernommen, die mit einem Date rein gar nichts mehr zu tun hatten.

Als wir an seinem Auto und am Ausgang des Parkplatzes ankamen, meinte er, das könne doch jetzt nicht das Ende unseres Kennenlernens sein.

Ich erwiderte, dass ich sehr verstört wäre und nicht denke, dass es mit uns je etwas werden könne. Ich versuchte mich etwas zu beruhigen, verstand selbst nicht, dass ich so schnell alles wegwarf. Als ich ihm sagte, dass der Samstag sich auch erledigt hätte, meinte er, ich solle es mir noch einmal überlegen, eventuell hätte ich etwas in den falschen Rachen bekommen. Ich selbst bat auch noch um Entschuldigung, da es mir leid tat, denn immerhin war ich in der glücklichen Lage, mich nie in meinem Leben in meinem persönlichen Umfeld entscheiden zu müssen, ob und was ich sage und tue und ob ich mich eventuell dadurch in Schwierigkeiten mit dem Staat bringen werde. Wie hätte ich mich in der ehemaligen DDR verhalten? Ich bin dankbar, so dankbar, dass ich in dieser Lage nie war. Als Außenstehender ist es immer leicht mit erhobenem Zeigefinger zu stehen, es tat mir tatsächlich sehr leid. Er hätte nur mit einem kurzen Satz das Thema kommentieren können. Klar, gab es dort auch gute Dinge, vor allem hat es ebenso gute Menschen dort wie hier genauso schlechte gegeben. Doch bei den Verletzungen von Menschenrechten finde ich keine entschuldigende Erklärung. Und es ging um Gefühle, die bei mir hochstiegen, die ich nicht vernünftig steuern konnte, fast waren es Ängste, bloß weg hier, mein Harmoniebedürfnis war so angegriffen, dass ich am liebsten losgerannt wäre.

Er meinte, das könne doch jetzt nicht alles umsonst gewesen sein. Er schrieb noch vier lange SMS am nächsten Tag, ich hätte doch noch nicht einmal gefragt, welche Religion er angehöre oder ob er z. B. seine Kinder schlagen würde.

Ich konnte ihm nicht mehr antworten. Ich war völlig durcheinander. Nach dem Überschlafen war zusätzlich die Freude über das Gefundenwordensein dem unangenehmen Gefühl gewichen, wie strategisch suchend er vorgegangen war, mich zu finden. Es war ein Fremdgefühl vermischt mit Angst nun aufgetaucht, auch, wenn das wieder mein Alleinsein bedeutete.

Nach diesen zerplatzten Träumen war ich mehr als nur traurig. Ich fing an, mich wieder an meine Kindheit zu erinnern, an die Mauer, in deren unmittelbarer Nähe ich aufwuchs und an der ich als kleines Mädchen so oft entlangging. Abends war es besonders unheimlich, man sah und hörte das Bellen der Hunde auf dem „Todesstreifen", vorbei an dem Kreuz, das an den Mann erinnerte, der dabei erschossen wurde, nur weil er auf die Straße wollte, auf der ich selbstverständlich entlanglief, und in dem Turm oben saß ein Mann, der Wachtposten, und meine Mutter ermahnte mich, schau dort nicht so hin, sieh ihn nicht an und komm endlich, was bleibst du stehen. Und ich hätte ihm so gerne zugewunken, so, wie man als Kind den Passagieren auf dem vorbeifahrenden Dampfer immer zuwinkt und sich freut, wenn der Gruß erwidert wird. Auch fielen mir die unangenehmen Gefühle wieder ein, die mich stets bei den Urlauben nach Bayern oder an die Nordsee beim zwangsweise Durchreisen der DDR begleiteten. Ein großes Aufatmen überkam mich jedes Mal, wenn alles gut gegangen war und man „die Zone" nach dem nochmaligen Überprüfen seiner Personalien wieder verlassen durfte.

Ich fragte mich zum ersten Mal länger und ernsthafter, was wäre aus mir geworden, hätte ich nur einige Meter weiter östlich gelebt. Wie unbeschwert, wie unpolitisch, wie naiv durfte ich bei meinen Eltern aufwachsen. Aber gerade auch aus diesen Tabuthemen konnte ich die oft traurige Sprachlosigkeit meiner Eltern nicht einordnen und dachte so oft, mit mir selbst wäre etwas nicht in Ordnung. Wie unter einer Glaskuppel durfte ich nach den guten Seiten der Menschen suchen und immer an das Schöne im Menschen glauben. Aber war ich tatsächlich so unbeschwert aufgewachsen? Was ist aus all diesen Ängsten an der Mauer geworden? Diese Begegnung traf mein Herz und die Geschichte erreichte mein Gefühlsleben und mir wurde bewusst, es ist ja noch schwerer einen passenden Partner zu finden als ich sowieso schon langsam zu ahnen begann.

Inzwischen glaube ich sogar, seine Worte anders verstehen zu können. Die rosaheile Welt gibt es hier natürlich auch nicht. Da hatte er natürlich völlig recht. Aber hier gibt es ein stabiles Rechtssystem, und das sollte doch wertgeschätzt werden. Ganz bestimmt konnte in der damaligen DDR ein unpolitischer Mensch eine für ihn glückliche Kindheit verbringen, doch für ein Erst-Date sind diese weiter gehenden Diskussionen völlig ungeeignet. Jedenfalls war ich zu diesem Zeitpunkt in Anbetracht meiner ureigensten Erfahrungen mit der DDR in Verbindung mit den Gefühlen für ein Erst-Date, bei welchem die Gefühle eigentlich wunderschön und neu füreinander entstehen sollten, damals überfordert.

Valentin kam z.B. auch aus der ehemaligen DDR und später hatte ich weitere Treffen mit Männern, die in der DDR groß geworden sind und es war nie auch nur ansatzweise ein Streitthema.

Ich ging tatsächlich nach einer Phase der Betroffenheit wieder noch bewusster und gestärkter weiter. Vielleicht war ich gar nicht so extrem ängstlich von Natur aus, vielleicht waren die Eindrücke an dieser Mauer sogar mit schuld. Aber das ist Vergangenheit und es war, als sei die Mauer durch diese Erkenntnis auch endlich bei mir gesprengt worden, die Mauer der Ängstlichkeit und des Gefühls, nicht weiter gehen zu dürfen, sondern nach vorn und nach oben schauen zu dürfen, ohne dass etwas Schreckliches passiert. Die Hunde bellen dort nicht mehr und ich bin erwachsen, noch erwachsener als vorher und tatsächlich etwas fröhlicher und unbeschwerter und auch angstfreier nun.

Tom

Die Nachricht von

Tom, 46, Steuerberater,

flatterte dann auch wie ein erfrischender Windstoß in mein Postfach.

Gleich in der allerersten Botschaft bat er um ein Treffen. Mir war das sehr recht. Ich wollte endlich spüren, dass ich lebe, ich wollte nicht mehr nachdenken, ich wollte weitere Dates haben, um endlich dem richtigen Menschen über den Weg zu laufen. Insofern fand ich es so wunderbar, dass wir keine Zeit verloren, sondern uns sofort verabredeten. Es war wohl die allerschnellste Verabredung, denn schon mit meiner ersten Antwort sagte ich zu. Ich kannte zwar nur ein Foto, auf dem sein Gesicht mit Oberkörper zu sehen war. Er trug einen Vollbart und hatte hellbraune Haare und schaute lachend in die Kamera. Er hatte keine Brille auf. Auf seiner Schulter jedoch konnte man deutlich eine lange Haarsträhne, wahrscheinlich von einer Frau, erkennen. Aha, daher schaute er so frohgelaunt drein, dachte ich, zuckte aber nur einen kurzen Moment, dann fiel mir ein, wie schwierig es doch in unserem Alter ist, ein geeignetes Foto zu finden. Ich fand das jetzt zwar nicht so klug von ihm, dachte man doch gleich beim Betrachten des Bildes über irgendeine Ex-Frau nach und das Kopfkino war gestartet. Offensichtlich mag er lange Haare, schließlich wäre er sonst mit dieser Frau nicht zusammen gewesen. Will er mit der Ex-Frau angeben oder ist er so unsensibel? Meine Neugier überwog und ich fand es so mutig, gleich in der ersten Nachricht ein Treffen vorzuschlagen.

Sein Profil gab nicht viel von ihm preis, doch ich wollte nicht mehr nachdenken. Nicht einmal darüber, ob sein Kommentar zum ersten Treffen „küssen erlaubt" ernst gemeint war oder nur lustig sein sollte. Ich hatte inzwischen so viel nachdenken müssen und war es leid, immer erst einmal den Verstand einzuschalten, was sich beim Profillesen ja doch zwangsläufig ergibt, jedenfalls bei mir.

„Mama", sagte mir mein großer Sohn wieder, „denk daran, es ist doch alles nur ein Spiel. Nimm das alles nicht so ernst, genieße es!"

Aber kommt man tatsächlich an sein Ziel, wenn man die Suche nicht auch ernst nimmt? Ich denke nicht. Lieber investiere ich Gefühle, bin notfalls auch hinterher sehr traurig, aber spielen? Mit Absicht möchte ich keinen Menschen verletzen. Die meisten Männer, mit denen ich Kontakt hatte, waren auch auf ernsthafter Suche, jedenfalls bin ich davon ausgegangen, aber jeder Mensch hat natürlich auch sein eigenes Tempo beim Kennenlernen.

Wir trafen uns am Abend in der Woche am Alexanderplatz. Ich fuhr nach einem anstrengenden Bürotag statt heim in die entgegengesetzte Richtung und meine Erschöpfung war wie weggezaubert und ich war voller Freude nur des Abends wegen. Meine Träume von einem passenden Mann hatte ich an diesem Tag auf Eis gelegt und erwartete … nichts.

Ich brauchte auch nicht lange zu warten, kurze Zeit nach meiner Ankunft entdeckte er mich, stand vor mir, ich erkannte ihn sofort und sah in zwei lachende Augen.

Wir suchten gemeinsam ein Lokal direkt am Alexanderplatz und bestellten eine Flasche Wein. Und dann begann unsere Unterhaltung. Er erzählte mir von seinem noch sehr kleinen Kind aus seiner letzten Beziehung. Er hatte noch eine große Tochter aus seiner Ehe und dieser gehörte eben diese Haarsträhne. Er selbst kam auf sein Bild zu sprechen und meinte, damit hätte er alle Frauen gleich aussortiert, die hierauf mit Irritation reagieren und ihn schon nur allein wegen dieses Umstandes nicht anschreiben oder antworten bzw. ihn nicht kennenlernen wollten. Ich sagte ihm ehrlich, dass ich ebenfalls fast darüber stolpert sei, „aber du bist jetzt hier“, sagte er strahlend. Dieser Mann schien von mir angetan, jedenfalls nahm er nach einer guten Stunde meine Hände und sagte zu mir: „Ich muss dir etwas gestehen, ich habe mich bereits in dich verliebt“.

Mich verunsicherte es, geht das denn überhaupt, fragte mein Verstand, er kennt mich doch gar nicht. Seine Hände waren warm und fühlten sich angenehm an und sein Körper sprach mich durchaus an und ich fand ihn für ein erstes Treffen vertrauenswürdig, aber seine Bemerkung ließ mich doch etwas zweifeln. Er war jünger als ich, was sich aber nicht bemerkbar machte, seine Schulter lud zum Anlehnen ein und ich merkte im Laufe der Gespräche, dass ich gegen die Auswirkungen des Weines ankämpfte, um nicht mit ihm heute Abend noch im Bett zu landen. Wer weiß, wie es ausgegangen wäre, wenn ich frisch geduscht von daheim gekommen wäre. So aber lag ein harter Arbeitstag hinter mir und der Verstand schaffte es immer wieder, die Oberhand zu gewinnen.

Er bot mir eigentlich sofort alles an. Er war gerade dabei, sein Haus zu verkaufen. „Annette, wenn dir das Haus aber gefällt, dann ziehen wir beide da rein."

Ausgesucht hätte er mich, sagte er, aufgrund meines Berufes, meine Tätigkeit würde perfekt zu seinem Beruf passen und wir wären aus dem gleichen Holz und jeder würde jeden verstehen.

So hatte ich das bisher noch nicht gesehen und irgendwie stach er mit seiner Ehrlichkeit und schneller Entschlossenheit aus allen heraus.

Dann berichtete er von seiner Eigentumswohnung am Meer und fing an, meinen freien Tag in der Woche - seine Gedanken laut aussprechend - zu verschieben, damit wir immer ein verlängertes Wochenende hätten. Es war, wohlgemerkt, unser erstes Zusammentreffen! Er meinte, ich solle das gleich mal im Büro klären und meinen freien Tag umlegen.

Der Wein stieg mir zu Kopf, mir wurde schwindlig und ich wollte nach Hause fahren. Ich gab mir Mühe, mich gerade und leicht vom Stuhl zu erheben, er sollte meinen Zustand nicht so bemerken. Ich riss mich zusammen und draußen an der Luft ging es mir wieder besser.

Er brachte mich zur U-Bahn-Station und dann nahm er mich plötzlich mit aller Kraft hoch und hielt mich hoch oben in der Luft. Vor mir lag die lange Treppe, die zur U-Bahn hinunter führte. Ich schaute auf die vielen Steinstufen, wir standen direkt oben davor. Er stand mit dem Rücken zu den Stufen und hatte nicht die Abgrund zeigende Aussicht wie ich. Hoffentlich macht er keinen Schritt nach hinten oder lässt mich fallen, dachte ich nur. Schließlich hatte auch er den Wein getrunken. Ich spüre jetzt noch im Nachhinein seine Kräfte, er war ein 1,90 großer Mann, ich hatte keine Chance am Boden zu bleiben. Er hob mich mitsamt Arbeitstasche hoch, meine Arme an meinen Körper gepresst, als wenn ich nichts wiegen würde. Normalerweise ist das ja ein schönes Erlebnis, doch hier hatte es leider den Beigeschmack des nicht selbst Entscheidenkönnens und auch der Angst vor dem Fallen. Er war einfach nur stark und entschied über mich hinweg. Ob er tatsächlich so überschwänglich war? Ich weiß es nicht. Als er mich absetzte, küsste er mich heftig auf den Mund. Er drückte fest und ich presste fest meine Lippen zusammen nur froh darüber, wieder Boden unter den Füßen zu haben. O.k., dachte ich, er hatte es auf seiner Profilseite ja angekündigt. Einen Vorwurf kann ich ihm wohl nicht machen.

Unsympathisch war er mir wirklich nicht, es war mehr die Schnelligkeit wie er vorging, seine Art über mich mit einer Selbstverständlichkeit zu entscheiden, was mich zweifeln ließ. Nach dem Küssen verabschiedeten wir uns und er entließ mich oben an der Treppe, so dass ich allein zum U-Bahnhof hinunterstieg und während ich auf die Bahn wartete, registrierte ich, dass ich allein war und merkte, dass ich einen Bärenhunger empfand.

Als ich am Zoo umstieg, stellte ich mich dort an die Imbissbude, Curry 36, an und kaufte mir eine Currywurst mit Pommes, stellte mich zu einem Vater mit seinen Kindern an den Tisch und freute mich über das Essen. Ich esse, wenn ich allein bin, so gut wie nie Fleisch und gehe auch sonst nie allein essen. Diese Currywurst war schon daher etwas sehr Besonderes für mich, eine große Ausnahme und ein mutiges Unterfangen aus meiner damaligen Sicht. Weil sich der Vater mit seinen Kindern am gemeinsamen Tisch unterhalten konnte, wurde mir mein Alleinsein umso deutlicher bewusst.

Ich stehe hier nachts und bin allein, dachte ich, kann das der richtige Zukünftige sein, der auch noch behauptet, er habe sich in mich verliebt? Ich sollte im Büro meinen Arbeitsplan umwerfen und stehe hier allein, wer ist er?

Während der anschließenden Busfahrt fühlte ich mich besonders allein, eventuell war auch der Wein daran schuld, zum Glück war ich inzwischen wenigstens satt.

Daheim angekommen stellte ich fest, dass er nicht einmal nachfragte, ob ich gut angekommen sei. Er selbst hatte nur wenige Minuten zu seinem Zuhause zurückzulegen. Als am nächsten Tag ein lässiges „lass uns am Samstag ins Kino gehen" von ihm mitgeteilt wurde, antwortete ich, dass ich nicht denke, dass es mit uns etwas werde und sagte das Kino ab. Er antwortete nur mit einem einzigen Wort: „schade". Einige Monate später sah ich ihn tatsächlich noch einmal auf meiner Profilseite wieder, gelöscht hatten wir uns nicht, aber ich mochte kein Interesse signalisieren und beließ es dabei.

„Was willst du eigentlich?", fragte meine Mutter. „Das sind alles so nette Männer, es liegt an dir, wenn dir keiner gefällt und du bist selbst schuld, wenn du allein bleibst."

Solche Dinge muss sich wohl so mancher Single anhören und tatsächlich mag es manchmal nach außen so aussehen. Denn für sie erschien die lange Anlaufzeit der Begegnungen, Telefonate, Nachrichten ja sehr viel länger und nach nur einem Treffen teilte ich ihr mit, dass es sich wieder erledigt hätte. Wie sollte sie das auch verstehen? Ich mache ihr keinen Vorwurf. Eine Mutter leidet auch nur mit ihrem Kind mit und möchte, dass es glücklich wird. Und jedes Mal zu hoffen und dann wieder enttäuscht zu werden, dass die Tochter doch noch nicht ihr Glück gefunden hat, schmerzt.

„Ich möchte einen Mann auf Augenhöhe, der mich respektiert, der mir Zeit gibt, mich auch zu verlieben, der mir nicht beim ersten Kennenlernen sagt, wie ich meine Arbeit einteilen und von nun an jedes Wochenende mit ihm am Meer verbringen soll. Ist das zu viel verlangt?"

„Nein, mein Kind, du hast ja recht, es kommt schon noch der Richtige".

Inzwischen hatte auch meine Mutter mitbekommen, dass es immer wieder einen Nächsten gab.

Ich hatte zwischenzeitlich nach Ablauf meiner halbjährigen Buchungszeit bei dem Online-Portal einige Wochen Pause eingelegt, d. h. ich hatte zwar mein Profil dort nicht gelöscht, konnte jedoch nicht mehr kommunizieren. Ich brauchte einen Rückzug. Auch kam hinzu, dass ich erneut die Arbeitsstelle gewechselt hatte und die Bewerbungsschreiben neben der Arbeit meine Zeit in Anspruch nahmen.

In diesen Wochen stellte ich jedoch fest, wie positiv sich die Online-Partnersuche auf meinen Alltag in den letzten sechs Monaten bemerkbar gemacht hatte. Auch wenn ich nicht den passenden Partner gefunden hatte, letztendlich waren die Begegnungen für mich selbst interessante Herausforderungen gewesen, eine abwechslungsreiche Beschäftigung und Ablenkung. Ich durfte mich selbst immer wieder neu kennenlernen und das war auch spannend. Diese neuen Menschen kennenzulernen, war also alles andere als schädlich, es war sogar bereichernd und daher entschloss ich mich, den Vertrag um ein halbes Jahr zu verlängern und mir erneut bereits das Kündigungsdatum bestätigen zu lassen.

Anil

So war ich nach kurzer Auszeit wieder auf der Suche und als mich dann die Nachricht von

Anil, 47, Hotelfachangestellter, Abitur,

erreichte, dass er sich freuen würde, mich wieder zu sehen – wir hatten uns im Frühjahr unsere Bilder freigeschaltet – überkam mich ein wohliges Gefühl, dass es ihm aufgefallen war, dass ich all die Wochen nicht mehr online war.

Im Frühjahr hatte ich mich immer für andere Kontakte entschieden. Insofern hatte ja Sieke recht, die Krux bei der Online-Suche ist eben, dass man sich entscheiden muss. Anil hatte zwei Rechtschreibfehler auf seiner Profilseite und es war für mich teilweise am Satzbau erkennbar, dass Deutsch wohl nicht seine Muttersprache war. Er war genauso groß wie ich und sah auf den Bildern sehr schlank aus. Er hatte fast schwarze Haare und dunkle Augen und trug auf jedem Foto ein Hemd und eine Stoffhose. Auf dem Foto, welches er als Profilbild ausgesucht hatte, hatte er zudem einen hellblauen Blazer an und schaute von einer Aussichtsplattform hoch oben auf eine Stadt hinunter und war nur von der Seite zu sehen. Die ganze Aufnahme strahlte irgendwie eine Sehnsucht aus; ich fühlte mich sehr angesprochen.

Dieser Mann war also sehr hartnäckig, der hartnäckigste, er hatte nicht aufgegeben und nach all meinen geplatzten Erwartungen hatte ich gar nichts zu verlieren. Ein Gefühl, dem Schicksal nicht mehr länger ausweichen zu können und pure Lebenslust ließen mich zusagen. Endlich, kann man fast sagen, denn es war bereits Spätherbst. Im Nachhinein klingt das sehr pathetisch, aber bei der Online-Suche ist kaum vermeidlich, dass bereits vorher der Rahmen abgesteckt wird. Nur die ureigenste Vorstellung kann sich entfalten und die Entscheidung verbleibt bei einem selbst und die Frage stellt sich, soll ich meinen eigenen Erwartungen vertrauen, das heißt die Minuten vor dem PC allein verharren oder ins Leben abspringen und einfach leben, begegnen und schauen, was sich ergibt. Und so ist eben auch das Schöne im Leben, wenn man ihm denn eine Tür aufmacht, dass es immer wieder Überraschungen gibt und es anders verläuft, als man sich vorher überhaupt ausmalen konnte.

Meine Hoffnung auf den Richtigen war gerade auf dem Nullpunkt und mir passierte tatsächlich, dass die S-Bahn ausfiel und diesmal ich selbst zu spät kam, eine ganze halbe Stunde! Ich schrieb also noch im Bus eine Nachricht an ihn und entschuldigte mich und beschrieb den Weg, den ich nun nehmen würde. Eigentlich war es mir sehr peinlich und gleichzeitig sagte ich mir, es soll eben wohl doch nicht sein. Aber es kam ganz anders. Er schrieb mir verständnisvoll zurück und beschrieb noch einen anderen Weg und ich meldete mich kurz vor dem Bahnhof Zoologischer Garten bei ihm, wo ich in die U-Bahn umsteigen wollte, um noch zwei Stationen zu nehmen. Ich telefonierte mit ihm, als der Bus am Zoologischen Garten anhielt, stieg dann aus, lief über die Straße zur U-Bahn-Station und eilte - ohne nach links und rechts zu schauen - die U-Bahn-Treppe hinunter und stellte mich an das Gleis. Ich wollte gerade meinen Spiegel aus meiner Handtasche ziehen, als mich eine tiefe warme Männerstimme ansprach, „Entschuldigung".

Ich sah nach oben und in sein Gesicht und es dauerte einen kurzen Augenblick, bis ich verstand, wer vor mir stand. Er war es bereits und lächelte mich an. Ich war ziemlich sprachlos und konnte es kaum glauben. Aber er war mir sympathisch, allein seine Stimme hatte mir auf Anhieb gefallen, und ein Unbehagen, das mich für eine Zehntelsekunde übermannte, weil ich ja gerade meinen Spiegel aus der Tasche holen wollte und für eine Begegnung eigentlich noch nicht bereit war, wischte der Gedanke weg, dass schließlich ich diejenige war, auf die er jetzt so lange und nun zusätzlich noch mit Verspätung warten musste.

Er war mir also zwei U-Bahn-Stationen von unserem Treffpunkt entgegengekommen und wegen unseres Telefonats wusste er, wo ich mich befand.

Wir gingen dann gemeinsam die Treppen wieder hoch und wollten im Tiergarten nun spazieren gehen. Sein ruhiger Gang mit den Händen auf dem Rücken, sein ernstes Gesicht und seine in sich gekehrte Haltung mit philosophischen Gesprächsthemen hatte etwas Majestätisches und Magisches an sich. Er war vor zweiundzwanzig Jahren aus dem Iran nach Berlin gekommen. Er hatte in seiner Heimat Betriebswirtschaftslehre studiert und hier in Berlin sein deutsches Abitur nachgeholt. Da er seine iranische Frau mitgebrachte hatte und sie dann ein Kind bekamen, machte er nach dem Abitur eine Ausbildung, damit er die Familie versorgen konnte. Ich hatte definitiv etwas anderes erwartet und dieser Mann war viel interessanter als ich nach seiner Profildarstellung je vermutet hätte.

Wir liefen im leichten Regen durch den Park und ich genoss die Luft und den Berliner Flair; die unterschiedlichsten Menschen gingen hier spazieren, Jogger zwischen stadtfein gekleideten Familien, einzelne Elternteile mit ihren Kleinkindern und Dreirädern und Kinderwagen. Der zarte Regen schien Niemanden zu stören, auch mich nicht, es war Wochenende und die Luft zwischen den Parkanlagen war erfrischend. Eben waren wir noch mitten im lauten Treiben der Großstadt am Bahnhof Zoo und mit wenigen Schritten befanden wir uns in den Grünanlagen des Tiergartens, das liebe ich so an Berlin. Und neben mir ging Anil, nein, er schritt und sprach in ruhigem Ton mit mir und hörte mir bei meinen Antworten konzentriert zu. Seine Antworten kamen nicht sprudelnd, er überlegte bevor er sprach meist einen stillschweigenden Moment. Mir war diese Art sehr vertraut, mein Vater war ebenfalls niemals hektisch, wenn er sprach.

Meine Gedanken gingen einige Male dahin, dass ich froh war, dass dieser Mann auf mich so lange gewartet hatte. Und dass er sich sogar bemüht hatte, mich vorher auf dem Bahnhof zu finden. Wie schicksalhaft doch auch die Online-Partnersuche sein kann, überlegte ich, und zum Glück hatte ich hier das Leben, das unverhoffte Spiel des Schicksals oder vielleicht ja auch nur den glücklichen Zufall, an mich herangelassen. Obwohl ich ja inzwischen glaube, dass keine Begegnung im Leben umsonst und auch kein Zufall ist.

Wir tranken im Haus der Kulturen einen Kaffee. Vorher bat er darum, mich einladen zu dürfen. Das hatte so noch keiner gefragt. Dieser Mann war der bisher höflichste, gleichzeitig machte er einen traurigen Eindruck, obwohl seine lebhaften Augen verrieten, dass er Humor besaß.

Er erzählte mir von seiner Familie, seinen Eltern und seinen Geschwistern im Iran. Zu zwei Schwestern hatte er besonders engen Kontakt, da die eine nicht weit von ihm entfernt hier in Berlin mit ihrem Mann lebte und die andere jährlich regelmäßig nach Berlin zu Besuch kam, um ihr Deutsch aufzubessern. Sie hatte Deutsch studiert und arbeitete im Iran als Reiseleiterin. Während er von seiner Familie sprach, war alle Traurigkeit aus seinem Gesicht verschwunden, seine Augen blitzten auf und er lächelte. Er erzählte von Wiedersehen und wo er seine Geschwister auf welchen Reisen treffen konnte. Seine Ehe war geschieden und seine Tochter, die genauso alt wie mein Ältester war, hatte er früher länger nicht sehen dürfen. Die Traurigkeit darüber war sofort spürbar. Doch inzwischen bestand wieder eine liebevolle Verbindung und er war dabei, seine Einsamkeit beenden zu wollen.

Bei mir setzte wohl in diesen Minuten mein Gehirn ein, ich dachte schon wieder weiter, versuchte, ihn mir im Alltag vorzustellen und wie er auch gelitten haben musste, so ohne Kontakt zu seiner Tochter. Er muss es wohl bemerkt haben, jedenfalls beugte er sich über den Tisch vor, direkt vor meinem Gesicht und sah mir tief in die Augen, riss seine Augen weit auf und meinte laut: „Hallo, hörst du mir zu, bist du hier?"

Das Ganze geschah so plötzlich und unerwartet, dass es seine Wirkung nicht verfehlte. Er hatte recht, ich musste lachen. Die Situation war für mich von einer Sekunde auf die andere anders, er hatte mich aus meinen ganz eigenen und isolierten Gedanken gerissen. Er hatte mich direkt ins Jetzt katapultiert.

So saßen wir beide da und lachten und im nächsten Augenblick klopften meine Gedanken bereits wieder an und ich fragte mich, was passiert hier gerade und soll ich mich jetzt weiter auf ihn einlassen?

Er hatte recht, ich war jetzt hier und ich fing an, meine immer wieder aufkommenden Gedanken ganz bewusst beiseite zu schieben. Die Schwere einer Grundsatzentscheidung muss ich nicht jetzt mitten im Erst-Date tragen, jetzt will ich diesen Sonntagnachmittag genießen und bewusst mit Freude einen anderen Menschen, der mich mehr als überrascht, kennenlernen. Diese Begegnung war Überraschung pur und als er mich zur U-Bahn brachte und gemeinsam mit mir auf dem Bahnsteig wartete bis mein Zug kam - er musste nicht weit nach Hause, wohnte dort in der Nähe - , wollte er unbedingt noch an dieser Stelle meine Zusage auf ein Wiedersehen. Obwohl ich im realen Leben gerade eine stressige Zeit durchlebte, mit wieder einem neuen Job, der mir viele Überstunden und Energien abverlangte, sagte ich zu. Ich glaube, er hätte mich sonst wohl nicht in meine Bahn steigen lassen, jedenfalls hatte er dies behauptet und im Nachhinein weiß ich, ich spürte damals, dass er keine Ausreden gelten ließ. Irgendwie war es auch besonders und letztendlich schmeichelhaft und ich musste lachen. Egal, ich fuhr mit einem wohligen Gefühl heim und stellte fest, dass ich mich freuen würde, ihn wiederzusehen.

Das war also mein elftes Erst-Date und da dieses Buch nur über die Online-Suche und nicht über Beziehungen handelt, höre ich hier auf von ihm zu erzählen. Nur so viel, wir hatten eine sehr schöne Zeit. Ich schrieb sogar auf meiner Profilseite, dass ich endlich meinen Prinzen gefunden hätte, denn er erinnerte mich an einen meiner Lieblingsfilme „Der Prinz von Zamunda“, in welchem sich die Hauptdarstellerin in einen Angestellten in der Firma ihres Vaters verliebt, einen vermeintlichen Putzmann, gespielt von dem grandiosen Schauspieler Eddie Murphy, mit dem sie tiefgründige Gespräche führt, obwohl sie mit einem wohlhabenden Mann bereits verlobt ist. Nur die Zuschauer erfahren von dem fragwürdigen Charakter ihres Verlobten und wissen natürlich, dass der Angestellte kein anderer als der Prinz aus Zamunda ist, der nach Amerika gekommen war, um sich inkognito die Frau für sein Leben auszusuchen. Denn er möchte auch lieben und nicht die vom Vater vorgesetzte Frau heiraten. Die beiden verlieben sich ineinander. Es ist einer meiner Lieblingsfilme, ein Märchen für Erwachsene, auch wenn ich nicht mehr ganz so naiv wie früher bin, bin ich noch immer der festen Meinung, das nur die Liebe zählt und natürlich zusätzlich ein nobler Charakter bzw. die Bemühung darum.

Die Online-Suche funktioniert also!

Wir waren drei Monate zusammen, doch ich merkte, dass dies nicht das Leben war, was ich leben wollte. Letztendlich fehlte ihm Respekt mir und meinem bisherigen Leben gegenüber, was ihm vielleicht nicht mal bewusst war. Nur ein Leben mit Studium war für ihn überhaupt erst Segen bringend. Er sprach dies zwar so nicht aus, jedoch bedauerte er ständig, dass er damals in Deutschland nur das Abitur und nicht auch sein Studium nachgeholt hatte und er jammerte, weil seine Tochter sich nur für ihr Kind interessierte, statt ein Studium zu beginnen und ich sollte ihn dabei trösten! Er sah nicht, dass er eine Ausbildung gemacht hatte, weil er zu diesem Zeitpunkt für seine Frau und sein Kind finanziell sorgte und schnell Geld verdienen wollte. Dass seine Frau ihn später betrog und die Ehe zerbrach, konnte er nicht voraussehen. Wir alle sind hinterher immer schlauer, letztendlich will das Leben aber gelebt werden und ich kann mich entschließen über die Vergangenheit zu jammern oder meine Zukunft gestärkt in die Hand zu nehmen und mich daran freuen, was ist und noch werden kann.

Zudem wusste ich damals seinen massiven Ärger über die Bierflaschen, die ich aus Versehen in Eile nach der Arbeit beim Einkauf für unseren gemütlichen Abend gegriffen hatte, nicht einzuordnen. Das Bier war alkoholfrei erläuterte er mir am nächsten Morgen und ich ließ seinen Ärger den Abend vorher über mich ergehen, ohne zu verstehen, woher dieser große Zorn kam. Später dann stellte ich fest, dass er bei jedem Treffen nun auch selbst für sein Bier sorgte, obwohl mir dieser Fehlgriff nie wieder passierte, doch zum damaligen Zeitpunkt verstand ich noch nicht den Stellenwert des Alkohols bei ihm.

Letztendlich war es jedoch sein fehlender Respekt mir gegenüber, der mir aufzeigte, dass er nicht der Richtige für mich war, denn als er mit mir – als gebürtige Berlinerin – darüber anfing zu diskutieren, was für uns Berliner 14.45 Uhr bedeutete, nämlich dreiviertel Drei, widersprach er mir und hielt an der vermeintlich richtigen Meinung seiner studierten Schwester fest, die es schließlich wissen müsse. In diesem Moment ist mir klar geworden, dass meine Meinung und Wissen für ihn minderwertig waren – in jeder Hinsicht. So überheblich bin ich nicht mal einem Kind gegenüber, denn es hat nicht selten Dinge erlebt oder eine Sicht auf Dinge noch, von denen ich noch lernen darf. Jeder Mensch hat nur 24 Stunden am Tag zur Verfügung und jeder sammelt seine eigenen Erfahrungen. Ich weiß, es gibt nichts Perfektes, aber diese Beziehung war nach drei Monaten wie meine Ehe am Schluss, immer schwierig.

Wir hatten beide zu dieser Zeit noch einige Baustellen im Realleben zu bearbeiten und mir fehlte zusehends die Kraft, die ich nur für mich schon allein brauchte.

Die Online-Suche hat uns jedenfalls zusammengeführt, aber dies ist auch Schicksal, dass ich ausgerechnet ihn getroffen habe. Ich denke schon, dass wir gegenseitig unser Leben trotzdem sehr bereichert haben.

Mit meinem Leben selbst kam ich allein inzwischen immer besser zurecht und meldete mich nach dem Beziehungsaus wieder bei der Online-Suche an. Ich passte meine Profilseite textlich an und erneuerte meine Bilder. Doch so einfach konnte ich nicht zur Tagesordnung übergehen, obwohl ich fühlte, dass es so richtig war. Aber meine Gefühle mussten mit der Trennungsentscheidung doch erst wieder klarkommen. In den nächsten Monaten ließ ich es zu keinem Treffen kommen, schrieb und telefonierte nur dann und wann mit Männern.

Theo

Mit ihm,

Theo, 50, Staatsanwalt,

schrieb ich schon eine ganze Weile, er strahlte eine gewisse Leichtigkeit aus, die ich in letzter Zeit sehr vermisst hatte. Ich hatte genug von der Schwere des Lebens und dieser Mann versprach Problemlosigkeit. Seine Nachrichten waren ansprechend fröhlich formuliert und waren unterhaltsam, ich brauchte weder zu grübeln, noch enthielten sie Verbindliches, die mir Entscheidungen abverlangten. Bis er dann ein Treffen vorschlug, aber auch da brauchte ich nicht lange zu überlegen. Ich war wieder bereit und aufgeschlossen. Telefoniert hatten wir vorher nicht.

Wir verabredeten uns auf dem S-Bahnhof Savignyplatz am Nachmittag und schon als mein Zug einrollte, sah ich ihn stehen und dachte, das wird er doch hoffentlich nicht sein. Er war es aber doch!

Er war zwar nicht unsympathisch, aber Lichtjahre davon entfernt, wie ich mir einen Mann vorstelle, in den ich mich verlieben und den ich anziehend finden könnte. Ich kannte zwar von ihm zwei Fotos, auf denen er zwar nicht schön, aber doch männlich markant und mit seinen blonden Haaren und blauen Augen ansprechend gewirkt hatte. Er war im sportlichen Outfit mit Pudelmütze – es war tatsächlich sehr kalt – nun erschienen und machte trotz allem darin keine sportliche Figur. Er war sehr schlank und wirkte schlaksig. Sein Erscheinungsbild war so, dass ich im Alltag auf der Straße niemals auf die Idee gekommen wäre, mit ihm näher Kontakt haben zu wollen. Aber nun lerne ihn doch erst einmal kennen, beruhigte ich mich innerlich und wir gingen gemeinsam die Treppen hinunter und schon in diesen Momenten war mir klar, dass es mit uns nichts werden würde. Sollte ein Mensch vor einem Date seinen leichten Sprachfehler erwähnen? Ich weiß es nicht, doch hier war es der Tropfen, der das Fass zum Überlaufen brachte. Ich hoffte auf Irrtum, schließlich hatte ich mich so auf das Date gefreut, bin extra hingefahren und ich hatte ganz praktisch jetzt auch Appetit auf eine schöne Tasse heißen Kaffee.

Wir suchten ein Café aus, was mehr an eine Bahnhofshalle erinnerte, aber die anderen waren alle voll besetzt. Bevor wir uns unterhielten, hielt er eine gefühlte halbe Stunde einen Monolog darüber, dass er gar nicht so viel verdiene wie die meisten Menschen dächten, dass er in seinem Beruf verdienen würde, und er jammerte auf hohem Niveau über sein Gehalt, was unter Kollegen so unterschiedlich ausfallen würde. Er wurde mir mit jedem Wort unsympathischer.

Was dachte er sich, dass er mich aushalten sollte? Ich war finanziell unabhängig und war schon froh, wenn jemand in der gleichen Lage war. Er schien mich völlig falsch einzuschätzen. Aber die Sympathiepunkte für ihn sprangen nach und nach alle von ihm ab, als wenn sie Angst hätten, am Ende selbst unsympathisch zu werden. Er kam mir vor wie ein großes Kind, er erzählte anschließend viel von seiner Ex-Frau und seiner letzten Freundin und seinen beiden Kindern, die um einige Jahre jünger als meine waren. Er berichtete über die weiten Reisen, die er ihnen ermöglichte, über sein eigenes Aufwachsen in Haus und Garten und dem Vater als Richter und der Mutter, die sich immer um ihn kümmern konnte. Er erzählte von den pubertären Schwierigkeiten, die er mit seinen Kindern und dem Kind seiner Ex-Freundin auf der letzten gemeinsamen Reise erlebt hatte und war sich nicht bewusst, dass seine Probleme durchaus auch Luxusprobleme waren und auf einem Niveau basierten, die sich für die meisten Familien gar nicht stellten. Teilweise fand ich seine Probleme hausgemacht. Zudem war die Reise erst einige Monate her und er verstand immer noch nicht, warum die Frau die Beziehung beendet hatte. Ich verstand sie jedenfalls.

Meine letzte Beziehung mit Anil hatte bei mir Spuren hinterlassen. Er hatte den Krieg im Iran selbst zwei Jahre miterleben müssen und mir auch Bilder von sich im Krieg gezeigt. Er war nicht mehr traumatisiert und konnte darüber reden. Er und seine Schwester, eine studierte Pädagogin, die inzwischen Vorträge in vielen

Ländern hält und die ich zwischenzeitlich auch kennengelernt hatte, wurden eines Tages von daheim abgeholt und unschuldig für einige Tage ins Gefängnis gebracht. Anil war damals Manager eines Kaufhauses und seine Schilderungen dieser Tage werde und will ich nie mehr vergessen.

Ich stellte beim Zuhören der Schilderungen von Theo fest, dass ich nicht mehr die „Alte“ war. Ja, ich wollte ein bisschen fröhlicher sein, aber nun auch nicht oberflächlich werden. Ob dieser Mann sich überhaupt der Tatsache wirklich bewusst und dankbar dafür war, dass er in einem freien Land sein Leben lebte und wie versnobt er nach den weitesten Reisen für seine Kinder trachten konnte, damit er ihnen das vermeintlich Beste bieten konnte? Und seine Angst, dass den Kindern dort nun etwas passieren konnte, konnte ich zwar nachvollziehen, aber nicht empathisch mitempfinden. Sich nur die Rosinen im Leben herauszupicken, scheint die Devise dieses Mannes zu sein und erwischt er keine Rosine, dann wird laut gejammert.

Ich wollte einfach nur das Leben ein bisschen genießen, aber dazu brauchte ich gar nicht so viel wie dieser Mann hier mir indirekt unterstellte, jedenfalls hatte ich das Gefühl. Vielleicht ging er ja nur von dem aus, was er alles für seine Vergnügungen ausgab. Er schien sich offensichtlich in der Rolle des perfekten Lebemannes mit den Wohlstandsproblemen - so dumm konnte er - hoffentlich! - nicht sein - wohl zu fühlen und sich als modernen Vater darzustellen, der versuchte, für seine

Kinder alles zu ermöglichen und eine Freundin suchte, die sich hier einfügt. Ich wurde immer ruhiger und fragte nur dann und wann nach, denn ich wollte nichts falsch verstanden haben.

Inzwischen spürte ich, dass ich Hunger bekam und war froh, als er unsere beiden Tassen Kaffee bezahlte, nachdem ich meine Bezahlung angeboten hatte. Aber er winkte ab und wir machten uns auf den Weg zum Bahnsteig. Er musste dort ebenfalls seinen Zug nehmen und als wir wartend standen, fragte er mich noch: „Sag mal, aus Skifahren machst du dir wohl nicht viel, oder?"

Ich hatte keine Lust mehr, ihm zu erklären, dass ich mir das nicht leisten wollte und ich Angst um meine Knochen hatte, einfach, weil ich bei einem Unfall und Arbeitsausfall auch meinen Job verlieren könnte - ein Angstgefühl, was er als Beamter und mit seinem Elternhaus noch nie zu haben brauchte - und ich es überdies der Umwelt inzwischen nicht mehr zumuten wollte. Ich schüttelte daher nur wortlos den Kopf.

Das war unser Abschied und wir haben keine einzige Nachricht mehr ausgetauscht. Nach einigen Tagen hat er mich auch tatsächlich gelöscht und ich empfand es als angenehm, ihn nicht mehr in meinen Kontakten sehen zu müssen.

Bei ihm war ich tatsächlich froh, dass er sich verabschiedete, hatte ich ihn vielleicht sogar richtig eingeschätzt, sein entschlossenes Verabschieden rundete meine Feststellung des Nichtpassens ab.

Die nächsten Wochen waren für mich eher frustrierend, weil ich immer mehr verstand, dass es den in jeder Hinsicht passenden Menschen so nicht gibt. Mit einem Mann, bei dem die Chemie stimmt, würde ich auch bestimmt mal über meinen Schatten springen und wieder Skifahren und darüber diskutieren. Mit dem Richtigen werden alle Probleme gemeinsam angepackt und das Leben gemeinsam gemeistert. Da ist das Drumherum eigentlich völlig egal, alles ist dann möglich und es lassen sich Lösungen finden, wenn beide genug Kräfte dafür haben und mit ihrem eigenen Leben auch erst einmal klarkommen. Über die Online-Suche den Richtigen zu finden, erschien mir plötzlich völlig aussichtslos. So hielt ich mich dann etwas zurück, schrieb und antwortete später oder sogar manchmal gar nicht, was eine ganz neue Art von mir war und ich merkte, dass ich fast meine Hoffnung aufgab. Meine Arbeit raubte mir zusätzlich viel Energie, so dass ich es in der Tat nicht schaffte, abends auszugehen und froh war, wenn ich mich ausruhen konnte.

Tamás

Aber dann spülte mich das Leben weiter zu ihm,

Tamás, 52, Konstrukteur, Abitur.

Seine Profilseite war nur auf das Nötigste beschränkt, aber es reichte als Eindruck für mich. Ich bin mit einem Vater groß geworden, der lieber tat als sprach und mir damals in mein Poesie-Album schrieb: „Sag nicht „ich werde“, sag nicht „ich will“, greife dein Werk an und handle still“. Er sprach tatsächlich nie viel, ich empfinde es also per se nicht unsympathisch, wenn Antworten nur kurz und knapp formuliert werden. Bei Tamás waren keine außergewöhnlichen Hobbys oder Vorlieben dabei und auch keine langen Listen, was er auf keinen Fall suche. Er machte auf mich einen seriösen Eindruck, den seine Bilder positiv unterstrichen. Sein Profilbild strahlte Gemütlichkeit und Ruhe aus. Er saß auf einem Balkon und war fast ganz zu erkennen. Er war vollschlank und machte keinen sportlichen Eindruck. Er hatte eine Sonnenbrille auf und so gut wie keine Haare mehr. Aber er gefiel mir, schon allein, dass er dieses für ihn mit seiner Figur bestimmt eher ungünstig wirkende Foto einstellte, machte ihn mir auf Anhieb sympathisch. Denn hier wirkte die Situation, am liebsten hätte ich bei ihm relaxt auf dem Balkon daneben gesessen; meine Fantasie war beflügelt. Er war offensichtlich kein eitler Mann, der sich mit Sport unter Stress setzte und sich stets ins rechte Licht rücken wollte.

Dass er ursprünglich aus Ungarn kam, erklärte er mir gleich mit der ersten Nachricht; ich sollte mich über seinen Vornamen nicht wundern. Mir war das gleich, ich wollte ihn kennenlernen.

Wir hatten knapp zwei Wochen schriftlichen Kontakt, der sehr freundlich und verbindlich war, denn wir ließen uns an unseren Terminplänen teilhaben und versuchten einen Tag zu finden, an dem wir beide Zeit hatten, da er relativ schnell ein Treffen vorgeschlagen hatte. Er war beruflich ganze Tage unterwegs und informierte mich hierzu. Seine Nachrichten waren nicht witzig, sondern klar und machten auf mich den Eindruck, dass er ernsthaft an einem Treffen interessiert war und mich nicht nur hinhalten wollte.

Und dann waren wir an einem Sonntagnachmittag am Rathaus Steglitz verabredet, was wir jedoch kurzerhand auf die große Kreuzung an der Schlossstraße verlegten, weil ich mich da besser auskannte.

Ich musste noch zwei Ampeln überqueren und sah ihn schon auf der anderen Seite stehen. Er trug eine dunkelbraune Lederjacke und helle Hosen und war nicht sehr viel größer als ich, aber er war trotzdem eine stattliche Erscheinung. Ich überquerte aufgeregt die zwischen uns liegenden Straßen und war mir sehr wohl bewusst, dass er mich eventuell auch schon im Visier hatte. Für ihn war das nicht so einfach zu erkennen wie für mich, denn er war der einzige Mann, der dort an der Kreuzung stand, während mit mir zusammen noch einige andere Menschen die Straße überquerten. Ich war sehr aufgeregt und kam mit den letzten Schritten lachend auf ihn zu; ich war so glücklich, dass mir der erste Eindruck von ihm so sehr gefiel.

Als ich bei ihm ankam und er vor mir stand, war seine erste Frage: „Na, magst du gleich wieder umkehren?" Ich musste schmunzeln, so etwas hatte mich noch keiner gefragt. Nach der so selbstgefälligen Art von Theo und auch Tom klang dies einfach nur sympathisch und gerade er brauchte überhaupt keinen Grund dazu zu haben. Er war schlanker als er auf dem Foto aussah, und ich war in positiver Weise überrascht.

Wir gingen in das Café Schwartzsche Villa, das dort ein bisschen versteckt am Platz liegt, welches er aber kannte und vorschlug.

Ursprünglich waren wir eigentlich sogar einen Tag vorher verabredet, also für den Samstag, was er kurzfristig verlegen musste, weil er seine noch in die 10. Klasse gehende Tochter unterstützen wollte. Ich hatte damit kein Problem, zeigte es mir doch auch sein Engagement für sein Kind. Wir hatten nun somit gleich unser Thema am Anfang, denn er berichtete vom Vortag und beim Zuhören war ich erleichtert, dass ich das alles bereits hinter mir hatte bzw. war nur noch mein Jüngster damals gerade dabei, wie seine Geschwister vor Jahren das Abitur zu machen und war in jeder Hinsicht selbstständig. Ich konnte Tamás hier gut verstehen. Wir sprachen von Anfang an ohne Berührungsängste und er fing an, mir auf dem Handy Projekte aus seinem Beruf zu zeigen, als wir auf unsere Tätigkeiten zu sprechen kamen. Auf mich wirkte das sehr anziehend, weil er weder angab, noch Eindruck auf mich machen wollte, sondern nur informierend erzählte. Es wirkte authentisch, dies war sein jetziges Leben gerade und er ließ mich mittendrin teilhaben. Nichts klang berechnend, strategisch oder überzeugt, sondern er erklärte mir ruhig und gelassen auch sein jetziges Projekt und ich konnte nur leicht erahnen, dass er mit all dem zufrieden war, denn das konnte er in jedem Fall und ich pflichtete ihm bei, dass es tolle Projekte waren. Ich fand seine leicht grundlos zweifelnde Art sehr anziehend.

Die Tochter war sein einziges Kind und er hatte es mit seiner damaligen Freundin bekommen, mit welcher die Beziehung kurz nach der Geburt auseinanderbrach, aber letztendlich zog er gemeinsam mit ihr das Kind groß. Er wohnte über ein Jahrzehnt bereits allein und kümmerte sich mit um die Tochter. Am Wochenende wohnte sie bei ihm, doch diese Besuche ließen nun mit Beginn der Pubertät nach und Tamás war dabei, sein Leben neu zu gestalten. Seine Eltern kamen ihn jedes Jahr aus Ungarn besuchen und wohnten dann die Tage bei ihm. Ich fand hier keinen Haken, sondern im Gegenteil fand ich, dass er viel Verantwortung übernahm und meine Sympathie für ihn wuchs weiter.

Er bekundete seine Bewunderung, dass ich drei Kinder groß gezogen hatte und war voller Begeisterung, als ich ihm diese auf einem Bild zeigte. Ich fand auch seine Tochter sehr wohlgeraten und beruhigte ihn, denn er machte sich Sorgen. Doch den Einfluss auf die Kinder, wenn sie größer werden, haben wir nicht allein mehr in der Hand. In dieser Hinsicht konnte ich ihn trösten, letztendlich ging es fast allen Eltern so. Wir waren definitiv auf Augenhöhe und er fragte mich, ob wir uns noch ein weiteres Getränk bestellen wollten. Ich fühlte mich mit ihm wohl und stimmte zu.

Er unterschied sich hier sehr von den anderen Männern, welche doch irgendwie versucht hatten, sich im guten Licht darzustellen. Er machte das nicht. So saßen wir drei Stunden in diesem Café, bis es für uns Zeit wurde, aufzubrechen. Er übernahm die Rechnung und begleitete mich noch bis zur U-Bahn.

Wir hatten uns so anregend unterhalten, dass für mich feststand, ihn wiedersehen zu wollen und ihm schien es wohl genauso zu gehen.

Wir wollten uns verabschieden, standen uns gegenüber und ich wollte mein Gesicht seitlich an seine Wange drücken, offensichtlich wollte er das Gleiche tun, nur auf der anderen Seite. Es kam jedenfalls so, dass sich unsere Gesichter in der Mitte trafen und wir uns einen Abschiedskuss auf den Mund gaben. Das war das Erst-Date und es entstand tatsächlich eine dreimonatige Beziehung.

Die Online-Suche funktioniert also, auch erneut!

In all den Wochen mussten wir schmunzelnd an unser erstes Treffen denken und fanden einfach keine Einigung bei der Erinnerung dieses Kusses. Er dachte, ich hätte ihn geküsst und ich dachte umgekehrt, er hätte mich geküsst. Geheimnisvolles Schicksal. Unser Kuss war sehr mysteriös. Mir war dabei so, als wenn uns jemand mit seinen Händen einfach zusammendrückte, stellt euch nicht so an, schien dieser Jemand zu sagen, sonst bekommt ihr das nicht gebacken. In der Tat waren wir beide eher zurückhaltende Menschen und hätten derartigen Mut nicht aufgebracht. Das erste, was er mir nach dem Treffen schrieb, mein Kuss hätte ihm auch gefallen, bestätigte mein Gefühl, dass uns einfach jemand zusammengeschoben hatte, manchmal gibt es eben auch kleine Wunder, unerklärliche Vorkommnisse im Leben und an diesen Zauber muss ich denken, wenn ich in Erinnerung schwelge.

Aber nach drei Monaten beendete ich auch diese Beziehung. Auch für ihn hatte ich auf Dauer keine Kraft mehr. Sein ständiges Jammern über gerade anstehende vermeintliche Probleme versuchte ich am Anfang positiv entgegenzuwirken mit langen Gesprächen bei Spaziergängen oder bei ihm daheim. Als ich die letzten Wochenenden, die ich bei ihm verbracht hatte, fix und fertig nach Hause kam und feststellte, dass mir die anstrengenden Unterhaltungen viel Energien geraubt hatten und ich dem Arbeitsbeginn am Montag mit Grausen entgegensah, weil ich nur fertig war, zog ich einen Schlussstrich. Er fand das Leben kompliziert und meinte, man müsse doch ständig Probleme lösen. Als ich sagte: „Wir sitzen doch jetzt hier bei dir, haben ein leckeres Essen gemeinsam zubereitet und trinken ein Glas Wein. Uns geht es richtig gut!". Seine Küche würden wir nachher wieder gemeinsam in Ordnung bringen, es gab aktuell nichts, worüber man sich hätte Gedanken machen sollen. Er widersprach und meinte: „Das Weintrinken selbst stellt ja einen auch vor das Problem, wie man das Glas zum Munde führt, nichts ist einfach". Obwohl ich gerne philosophiere und wir beide hier ein Faible für hatten, war diese Diskussion vor dem Hintergrund seiner anderen Probleme, die wir in den Wochen vorher besprochen hatten, völlig überflüssig. Ich sagte, er solle doch einfach mal den Augenblick genießen, aber er suchte nach Gründen, weiter zu jammern. Er gefiel sich darin und meinte: „Ich beneide dich um deine Kindheit, wie du groß geworden bist". Er hatte es in Ungarn sehr viel schwerer gehabt, aber seine Mutter stand zu ihm, sein Stiefvater nahm ihn wie ein eigenes Kind an und ich kenne weitaus schlimmere Kindheitserzählungen. Er hatte sympathische Eltern, ich hatte sie kennenlernen dürfen. Alles in allem konnte er stolz sein, wie er sein Leben gemeistert hatte und als junger Mann seinem Land den Rücken kehrte und erst einige Jahre nach Paris ging, bevor er nach Deutschland kam und hier die Mutter seines Kindes kennenlernte. Er sprach sehr gut Deutsch. Ich konnte keinen Akzent feststellen, obwohl er das immer wieder behauptete. Ich hätte mich das Fortgehen aus meiner Heimat so nie getraut und er erinnerte mich an zwei Bücher, die ich vor vielen Jahren mal von Frank McCourt gelesen hatte. Das erste hieß „Die Asche meiner Mutter“ und schilderte seine so schwierige irische Kindheit. Im zweiten Buch ist er bereits Lehrer in Amerika und es geht ihm ziemlich gut - nach außen jedenfalls - , aber er jammert weiter als müsse er noch immer hungern. Jedenfalls empfand ich das damals so. Das zweite Buch hatte ich nicht zu Ende gelesen, weil ich sein Jammern damals nicht mehr hören mochte. Der Mensch hat eben zu einem bestimmten Zeitpunkt nur erst einen bestimmten Grad an Bewusstsein. Und so las ich es jedenfalls damals nicht mehr zu Ende und jetzt fiel mir dies ein. Vielleicht sollte ich ja das doch noch mal nachholen, dieser Gedanke kommt mir beim Schreiben...

Es passierte auch nicht nur einmal, dass ich im Laufe des Samstags zu Tamás kam und er mich von der Haltestelle abholte und bereits nach Alkohol roch. Darauf angesprochen meinte er, er hätte so lange auf mich warten müssen und schon mal eine Flasche Wein allein geleert. Dabei musste ich mich auch um meine Wohnung kümmern und brachte diese vorher in Ordnung, denn unter der Woche ging ich ja arbeiten. Die Schuld für seinen Alkoholkonsum zugeschrieben zu bekommen, war schon belastend.

Zudem wollten wir verreisen, doch zu dieser Zeit hatte er offensichtlich für seinen eigenen Urlaub kein Geld mehr übrig, weil er noch immer – nach 15 Jahren – für die Mutter seiner Tochter deren Urlaub bezahlte, die allein mit der Tochter nach Spanien fahren wollte. Obwohl sie nicht mal verheiratet waren, sorgte er finanziell all die Jahre ebenfalls für sie. Sie hatte Kunstgeschichte studiert und er schien überhaupt nicht zu merken, wie sehr sie ihn ausnutzte. Er hätte ihr so viel Geld geben können wie er meinte, dass es richtig sei. Aber dann kein Geld mehr für sein eigenes Leben und für unseren gemeinsamen Urlaub zu haben, war ein Punkt, der wehtat. Wohlgemerkt sollte er nur das Geld übrig haben, seine Reise für sich selbst zu bezahlen. Ich hätte selbstverständlich meinen Teil allein übernommen. Ich stellte mit der Zeit fest, dass ich wieder zu viele Kompromisse einging und zu viele Energien in die Partnerschaft steckte, was mir für mein eigenes Leben keine Kraft mehr übrig ließ. Dann lieber wieder allein, dachte ich, aber nicht so.

Zudem fehlten hier die ganz großen Gefühle, die so nicht eintraten und wie ein altes Ehepaar schon am Anfang der Beziehung zu leben, dazu war nicht bereit. Er bot mir am Ende an, mir wenigstens noch bei meiner Kellerräumung helfen zu dürfen, damit wir freundschaftlich in Verbindung blieben. Doch ausnutzen, so wie seine Ex, wollte ich ihn auf keinen Fall. Ich hoffe, er hat inzwischen einen Weg gefunden, der ihm aufzeigt, wie schön doch das Leben sein kann, egal wie die Umstände sind, das Glück und das Genießen muss man selbst auch wollen und annehmen, sonst stellt es sich nie ein.

Diese weitere Trennung machte mich nach einer gewissen Zeit, die ich doch auch wieder benötigte, noch stärker. Ich wusste nun, dass ich allein prima zurechtkam und dass ich mich auch jederzeit trennen konnte, wenn es mit dem Partner nicht passte. Ich musste keine Schuld mehr für andere übernehmen, was sie selbst verschuldet haben. Ich wollte mir nicht mehr ständig Vorschriften machen lassen. Ich bereute somit meinen Entschluss nicht und wollte weiter nach vorne schauen.

Und so stürzte ich mich bald wieder in die Online-Suche, und begrüßte vor meinem kleinen Notebook die bekannten Gesichter, die noch immer dort zu finden waren aus den verschiedensten Gründen. Ich fühlte mich wie eine Klassenkameradin und empfand uns als eine große suchende Klassengemeinschaft. Nicht wenige der Männer „kannte" ich inzwischen über all die vielen Monate, mit manchen hatte ich nur kurz geschrieben, mit manchen telefoniert und mich mit einigen ja getroffen. Viele waren mir auch nur vom Sehen her bekannt und trotzdem war ein Verbundenheitsgefühl da, weil wir alle das Gleiche taten, nämlich suchen.

Von seiner Profilseite kannte ich auch

Lars, 51, Produktmanager,

schon länger. Doch ich stellte erstaunt fest, dass ich mich verändert und weiterentwickelt hatte, denn ich wusste noch um meine Gedanken, die ich ganz am Anfang von diesem Mann hatte. Nie hätte ich damals gedacht, mich einmal tatsächlich mit ihm zu treffen. Damals hätte ich mir einen Kontakt mit ihm nie vorstellen können und mich nicht getraut, mit ihm zu treffen.

Es gab nur ein Porträt von ihm, auf welchem ich für mich eine Ähnlichkeit irgendwie mit Dieter Bohlen feststellte. Nicht, dass Dieter Bohlen unbedingt mein Typ wäre, aber ich fand, dass eine Ähnlichkeit auf dem Bild jedenfalls vorhanden war. Seine Haare waren nur etwas dunkler. Lars wirkte sympathisch.

Auch mit ihm verabredete ich mich nach nur zwei, drei Nachrichten. Er wohnte am anderen Ende der Stadt, Berlin-Mitte wäre für uns beide tatsächlich die Mitte gewesen.

Wir waren an einem sonnigen Sonntag im Mai vor einem stilvollen Café in Zehlendorf morgens um 10 Uhr verabredet. Er hatte diese Idee und ich war froh darüber, denn ich freute mich auch, dass ich aus Spandau hinausfuhr und Neues entdecken konnte. Ich war auch tatsächlich fast zwei Stunden unterwegs, er hatte zwar ebenfalls einen weiten Weg, kam aber mit dem Auto. Für mich bedeutete das ein sehr frühes Aufstehen am Wochenende, sonst die einzige Möglichkeit, mal nicht morgens schnell aus dem Bett springen zu müssen. Zu dieser Zeit brauchte ich wegen meiner damaligen Arbeit mein Wochenende tatsächlich auch, um mich sogar körperlich zu erholen. Das frühe Aufstehen war ein Entgegenkommen von mir, das im ideellen Wert kaum höher erreicht werden und ganz bestimmt niemals mit dem richten Maß vom Gegenüber geschätzt werden kann – also mein ureigenster Einsatz, was mir dieses Treffen wert war.

Wir erreichten das Café fast zeitgleich. Kaum hatte ich festgestellt, dass ich mich am richtigen Ort befand, sah ich ihn auch schon mit schnellen Schritten auf mich zukommen von der anderen Straße her. Ich war angenehm überrascht wie groß und sportlich er aussah, und er war mir auf Anhieb sympathisch.

Er begrüßte mich freudig und fragte mich, ob wir drinnen oder draußen Platz nehmen wollten und so setzten wir uns auf die Terrasse des Cafés, und ich war glücklich. Es war sonnig und warm, es war Sonntagmorgen und es schien ein nettes Gespräch zu werden.

Als wir saßen, sagte er das Verbindlichste, was mir bis dahin ein Mann beim ersten Date gesagt hatte: „Annette, ich würde dich gerne einladen, zu einem Frühstück mit allem Drum und Dran und wir genießen einfach den schönen Tag."

Nach den vielen abgezählten Kaffeetassen in bisher erlebten Treffen, kam ich mir vor wie im Film und genoss es tatsächlich sehr, ich nahm die Einladung gerne an, hatte ich doch jetzt einen richtigen Appetit. Er schien es selbst ebenfalls zu genießen und diese Einladung an keine Erwartung knüpfen zu wollen.

Uns wurde ein reichhaltiges Frühstück mit Obst und Brötchen, Orangensaft und Prosecco geliefert und wir schwelgten beide. Wir sprachen von dem schönen Essen und er erzählte davon, wie er aus beruflichen Gründen nach Berlin kam. Er kam aus der Nähe von Stuttgart, wurde mit Basketballverein und Chor groß und seine gute Aussprache gefiel mir sehr. Er hatte eine angenehme warme männliche Stimme und wirkte souverän in jeder Hinsicht. Das gefiel mir.

Ich genoss seine nette und unterhaltsame Art, wir lachten auch zwischendurch und wir sprachen immer wieder vom Essen, was wir besonders mögen und in unserer Kindheit so aßen. Es war eine natürliche Atmosphäre und trotz Essen war nichts Verkrampftes zwischen uns.

Später fingen wir an, uns Fotos auf dem Handy von unseren Familienmitgliedern zu zeigen und dabei passierte es, dass ich eine Nachricht von meiner früheren Liebe entdeckte, von dem Mann, dem einmal mein Herz gehört hatte und mit dem ich nun aber über eine sehr lange Zeit keinen Kontakt mehr hatte, weil es nie eine Aussicht auf eine gemeinsame Zukunft für uns gab. Meine Gefühlserfahrungen mit diesem Mann waren damals für mich auch ausschlaggebend, mich bei der Online-Suche zu beteiligen, um wirklich freie Männer kennenzulernen, die ebenfalls am Suchen waren. Und dieser Mann schrieb mir nach so langer Zeit, ausgerechnet jetzt in diesen Minuten, in denen ich gerade dabei bin, ihn endgültig aus meinem Herzen zu katapultieren. Wäre diese Szene im Film vorgekommen, hätte jeder Zuschauer gedacht, ja, klar, typisch Film, im richtigen Leben passiert so etwas gerade in diesen Minuten wohl kaum. Aber so passierte es, ich empfand es wieder als Schicksal. Von einer Minute zur anderen war mir klar, dass ich mich auf diesen Mann hier und jetzt nicht mehr einlassen konnte, ich hatte meine Fassung verloren, der Zauber, der über uns schwebte, war wie von Windböen weggefegt. Ich sah Lars von einer Minute zur anderen mit verändertem Blick und wusste auf einmal, dass er nicht der Richtige war und er selbst konnte nichts dafür. Ich schäme mich deswegen, denn ich hätte damals nicht gedacht, dass mich eine Nachricht meiner alten Liebe noch so aus der Bahn werfen könnte. Im Nachhinein tut es mir so sehr leid, denn chancenlos ins Rennen zu gehen, ist wohl das Übelste, was man jemanden beim ersten Date antun kann.

Ich verabschiedete mich auch bald, die Frühstückszeit war ohnehin lange vorbei. Mich hielt nichts mehr in diesem Café, die freudige Erregung über das unerwartete Melden meiner damaligen Liebe weckte die Erinnerung an starke Gefühle in mir, die leider gar nichts mit Lars zu tun hatten und anfingen in mir hochzusteigen. Ich wurde nervös und wollte am liebsten laut vor Freude losschreien. Er hatte sich gemeldet, nach so langer Zeit. Und ich hatte gedacht, nie wieder würden wir von einander hören und ich würde woanders mein Glück finden. Lars hatte in diesen Minuten keine Chance mehr.

Auch seine Kontaktaufnahme über Whatsapp in den folgenden Tagen konnte an meinen Gefühlen nichts mehr ändern. Im Gegenteil, er „bombardierte" mich mit so vielen Witzfotos und -videos, die letztendlich ja auch unpersönlich sind und die ich in dieser Menge, mehrere an einem Tage, nicht mehr gutheißen konnte. Auch teilte ich nicht immer seinen Humor, was meinen Entschluss, keinen Kontakt mehr haben zu wollen, untermauerte. Ich wollte ihn nicht mehr wiederzusehen, war zusätzlich beruflich die ganze darauffolgende Woche mit einem Seminar eingespannt, und er registrierte natürlich meinen Rückzug. Bis er mich dann doch bald löschte und ich war froh darüber, denn ich hatte ihm gegenüber tatsächlich trotz allem ein schlechtes Gewissen.

So ist das im Leben, deshalb bin ich hier so ehrlich. Manchmal soll es einfach nicht sein, manchmal spielt das Schicksal einen anderen Plan als man vermutet und es werden dann andere Türen aufgehen, von denen man nicht geahnt hätte, dass sie sich öffnen werden. Ich hoffe, dieser Mann hat mir verziehen und inzwischen die Frau gefunden, die ihn zu schätzen weiß. Ich hätte gerne für ihn meinen Liebesschalter angeknipst, aber leider bin ich dazu nicht fähig, kein Mensch ist dazu fähig, einfach die Liebe anzuknipsen, weil das Gehirn feststellt, diese Beziehung hier wäre doch jetzt perfekt.

Wenn es also nicht klappt, hat es oft nicht mal mit einem selbst zu tun, sondern mit dem anderen, man passt nur eben zu dem anderen gerade nicht. Es war das bisher verbindlichste Date und ich denke mit ambivalentem Gefühl an diesen Sommersonntag zurück. Einerseits war es wunderbar und ich genoss das Leben, andererseits überkommt mich ein Schuldgefühl, weil es so unvorhersehbar abrupt endete, für den Mann unerklärlich. Alle guten Wünsche sollen ihn erreichen, es tut mir wirklich leid.

Nach einigen Wochen des Zurückziehens, in denen ich mich ernsthaft fragte, wie das mit der Nachricht hatte passieren können und es tatsächlich wieder nur bei einem kurzen Kontakt mit diesem Mann verblieb, entschloss ich mich, nur noch nach vorne zu schauen. Das sollte mir nicht noch einmal passieren. Letztendlich zog ich mir wieder nur Verletzungen zu, der Mann wollte – natürlich – nichts Ernsthaftes von mir, sondern es waren nur Wiederholungen unseres einstigen Kontaktes ohne Zukunft, ein Spiel mit meinen Gefühlen.

Verletzungen müssen manchmal sein, um Veränderungen zuzulassen und bei ihm brauchte ich wohl viele Verletzungen. Aber diese war die Letzte, ich konnte mir plötzlich all meine Date-Männer als Partner besser vorstellen als ihn. Diese Vision meiner Zukunft war neu für mich und machte mich freier. Ich wusste und wollte ihm nie wieder die Macht überlassen, mein eventuelles Glück schon vorher zu zerschießen.

Meine Schuldgefühle Lars gegenüber und eine ordentliche Portion neuer Hoffnung auf Glück ließen mich den Kontakt zu

Kai, 52, Betriebsfachwirt und Manager,

erleben. Angefangen hatte es mit interessanten Bildern und einer großen Faszination meinerseits. So einer interessiert sich für dich? Er hatte mich angeschrieben und hatte auch gleich seine Bilder freigeschaltet. Könnte er meiner alten Liebe standhalten? Er konnte! Ich hatte inzwischen sehr wohl verstanden, dass diese Liebe niemals realistisch werden würde, das war mir definitiv bewusst, was aber neu war, war das Bewusstsein über meine Wünsche, die meinen zukünftigen Partner betrafen, meine Erwartungen an einen Mann waren gestiegen. Ich wollte Begeisterung pur oder lieber allein bleiben. An das Alleinsein gewöhnte ich mich langsam. Die beiden engeren Beziehungen, die ich erlebt hatte, so schön sie am Anfang für mich auch waren und von mir empfunden wurden, hatten mir im Laufe der Wochen mehr Energien geraubt als sie mir gaben, letztendlich hatte ich nach drei Monaten jeweils das Gefühl gehabt, wieder zu viel Kompromisse eingehen zu müssen und nicht so leben zu dürfen, wie ich gerne möchte. Aber irgendwie hatte ich diese beiden Beziehungen wohl benötigt, um jetzt die zu sein, die ich nun war.

Aber die Bilder und die Nachrichten von Kai weckten in mir pure Freude. In solchen Momenten zählt die Vergangenheit nicht mehr. Das ist das Schöne an der Hoffnung, wie beflügelt verbrachte ich die Tage seit seiner ersten Nachricht.

Wir schrieben kurz einige Tage hin und her und dann fuhr er in den Urlaub. Da er den Urlaub allein mit seinem Kind verbrachte geschah es, dass wir öfter mal am Abend telefonierten. Er schickte mir selbst aufgenommene Videos aus der Gegend und ich nahm an seinem Urlaub und auch den Problemen seines pubertierenden Kindes mit Ratschlägen teil, denn bei drei inzwischen erwachsenen Kindern konnte ich seine Problematik bildhaft nachvollziehen. Ich war bei ihm, definitiv! Er filmte aus der Gondel, die ihn den Berg hinauf trug, so dass mir beim Zuschauen selbst fast schwindlig wurde. Einmal stand ich in glühender Hitze bei 35 Grad an der Haltestelle und wartete auf den Bus und als ich sein Video abspielte – den Ton unerwartet laut – stieg ein geräuschvolles Rauschen des Baches von meinem Handy in die drückende Berliner Sonnenglut, dass die Köpfe der Mitwartenden sich nach mir umdrehten. Schnell machte ich den Ton leiser, aber die Bilder von dem kühlen Bach und seinen Beinen darin trieben mir in der Hitze noch mehr Schweißperlen auf die Stirn.

In diesen drei Wochen kam ich selbst kaum dazu, meinen Alltag zu leben. Ich ging arbeiten und abends telefonierten oder schrieben wir und ich sehnte mich nach dem Tag, an dem ich ihn persönlich kennenlernen sollte. Er hatte mich in sein Haus eingeladen, es sollte nach unseren vielen Gesprächen ein besonderes erstes Treffen werden. Ich gab noch zu bedenken, dass er das nicht bräuchte und wir uns lieber an einen neutralen Ort treffen sollten. Doch er wollte mich unbedingt einladen. Er wohnte außerhalb Berlins und holte mich wie verabredet am Bahnhof seiner Ortschaft ab. Als ich ihn erblickte, war ich erstaunt, wie fotogen er doch war. Er wirkte sehr viel blasser und kleiner und muss wohl auch meine Enttäuschung gespürt haben. Leider sind das immer die entscheidenden Sekunden, doch das ist ein persönliches Manko von mir, dass ich hier so wenig Schauspielerin sein kann. Ich bin meist authentisch, kann mich unvorbereitet selten verstellen und vielleicht bin ich da für eine erste Begegnung zu leicht durchschaubar.

Er machte überdies bei weitem nicht so einen sportlichen Eindruck, wie er mir während der vergangenen Wochen vermittelt hatte. Obwohl seine Bilder ja aktuell aus dem Urlaub waren, wirkte er doch in der Realität völlig anders. Er hatte mir zwar von seinem kaputten Knie erzählt und dass ihm eine OP bevorstünde. Er fuhr aber im Urlaub mit seinem Rad die Berge rauf und runter und ich war nicht darauf eingestellt, dass er tatsächlich etwas humpelte. Wir gingen einen längeren Weg zu seinem Haus nebeneinander und ich versuchte meine wirren Gefühle zu ordnen und den Mann zu entdecken, mit dem ich telefoniert hatte. Leider erzählte er auch ständig von seiner Frau, er hatte die Trennung noch vor sich und wollte mit ihr um das Haus streiten. Er wollte unbedingt das Haus behalten und ich denke, ich habe auch nicht so ganz begeistert reagiert, als er mir sein Haus zeigte. Ich hatte eigentlich nicht vor, irgendwann in sein Haus einziehen zu wollen. Das hat er bestimmt deutlich gemerkt, denn bei allem was er mir erzählte, konnte ich die Meinung seiner Frau ein bisschen nachvollziehen und verstehen. Der Scheidungskrieg würde auf ihn zukommen, an vielen Bemerkungen war seine Wut heraushören. „Die wird sich noch wundern", schnaubte er wütend, während er mit mir auf der Terrasse im Garten bei einer Tasse Kaffee saß.

Ich war einfach nicht die Frau, die ihn hier trösten konnte. Ich selbst habe viele Federn lassen müssen, aber die Trennung war es mir wert. Neu und wieder frei anzufangen und mit mir im Reinen zu sein, um nichts wollte ich streiten. Ich war ihm hier wohl nicht die Stütze, die er sich erhofft hatte und die ich in allen Telefonaten in seinem Urlaub für ihn war. Doch Kinder sind Kinder, aber die Erwachsenen können wählen und ihr Schicksal bestimmen. Insofern hatte ich da mehr Empathie bei der anderen Thematik, Elternschaft mit Pubertierenden, für ihn aufbringen können.

Er steigerte sich in die Wut auf seine Frau stärker hinein, je mehr ich versuchte, ihn zu beschwichtigen. Seine Frau hatte für ihn alles aufgegeben und er wollte ihr nichts lassen. „Annette, ich lass mir doch von einem Scheidungsrichter nichts sagen", zischte er, als ich ihn auch auf die Rechte von seiner Frau aufmerksam machte. Hier lag ein erbitterter Rosenkrieg vor ihm. Das stellte ich immer mehr fest und unsere Themen waren gegen Ende des Tages ausschließlich den Finanzen gewidmet.

Ich selbst habe mich ohne Rosenkrieg getrennt, nichts verlangt, keinen Cent geschenkt erhalten und vieles zurückgelassen. Einzig allein, um in Frieden weiterzuleben und einen sauberen Schlussstrich ziehen zu können. Auch finde ich, hat der andere Respekt verdient für die gemeinsame Zeit, auch wenn diese nun vorbei ist. Schließlich ist man die Person, die man ist, letztendlich auch durch den Menschen, von dem man sich trennt. Und dieser hat sich auch auf seinem Lebensweg für einen entschieden, das sollte doch nie vergessen sein.

Ich war definitiv die Falsche für einen Kampf an seiner Seite, das wurde mir im Laufe des Nachmittags immer bewusster. Zwischendurch kamen dann aber wieder Gedanken hoch: versuche dich auf ihn einzulassen und seine Situation zu verstehen. Aber würde ich die Kraft haben ihm beizustehen? Und wozu? Ich selbst habe es nicht so gemacht und soll ihn dabei unterstützen? Ich war hin- und hergerissen, aber nicht von ihm hingerissen!

Gegen frühen Abend brachte er mich wieder zum Bahnhof. Ich wollte wieder heim, denn am nächsten Tag musste ich früh zur Arbeit starten. Ich war wohl hier für ihn eine Enttäuschung, denn er kam gerade mit eiligen Schritten aus der Küche und fragte voller Schwung nach, was wir noch essen wollen, während ich dabei war, meine Schuhe schon anzuziehen, um mich für den Nachhauseweg fertig zu machen. Ich wollte nicht essen, sondern heim. Ich fand das für das erste Kennenlernen reichlich und wollte einfach nur nach Hause. Sein Haus war lupenrein geputzt, er hatte erzählt, den ganzen Samstag damit beschäftigt gewesen zu sein.

Ja, er war gestresst und angespannt und dass, obwohl er derjenige war, der gerade drei Wochen Urlaub hinter sich hatte. Er hatte so viel Energie in dieses Treffen gesteckt, die Erwartung von der großen Begeisterung über sein Haus konnte ich nicht erfüllen. Ich denke, für uns wäre es besser gewesen, uns neutral zu treffen. Aber letztendlich wäre die Problematik doch hochgekommen, nämlich, dass er eine Frau sucht, die früher oder später in sein Haus einziehen möchte, wenn denn der Kampf um das Haus erfolgreich ausgestanden war bzw. sollte dies unter anderem die Strategie zum Durchsetzen seines Vorhabens sein.

Nun hatte ich ihn vorher so lange gesprochen und irgendwie war ich mir sicher, diesmal richtig zu liegen. Ich hatte ebenfalls viel Zeit und Energie in dieses Kennenlernen gesteckt, denn in den drei Wochen seines Urlaubes gehörten die Abende ihm.

Und dieser Tag kam und verlief letztendlich so anders als wir beide dachten. Hier habe ich bestimmt meine Schuld kompensiert, denn am Engagement hat es mir nicht gefehlt und letztendlich ist der Kontakt nach dem Treffen sofort abgebrochen. Unsere beider Hoffnungen zerschmetterten wie an einem Felsen in der Brandung. Aus, vorbei und wieder ganz plötzlich.

In der Bahn auf dem Rückweg dachte ich nach. Es gab unter anderem eine Gesprächssituation, in der er mir mitteilte, dass er Weihnachten nicht feiern mochte und sich tatsächlich zurückgezogen hatte und dies, obwohl er Kinder hatte und seine Eltern noch lebten. Ich habe das erst gar nicht verstanden und fragte nach „Wie, nicht feiern, warum nicht?“ „Naja, weil ich keine Partnerin habe!“ Und dann war für einen Moment Funkstille, bis ich überhaupt verstand. Ich war nur peinlich berührt, weil ich auf den Grund seiner Traurigkeit nicht von allein gekommen war, weil es mir noch nie so ergangen war. Nie hätte ich Weihnachten deshalb absagen wollen. Ich war für meine Familie dankbar und hätte sie nie so vor den Kopf stoßen wollen, nur weil ich mich einsam fühlte. Mir war zwar gewahr geworden, dass ich mich nicht in ihn verliebt hatte, aber ich hätte uns vielleicht noch eine Chance gegeben nach all dem, was er mir die letzten Wochen bedeutet hatte. Wenn ich das allerdings jetzt hier alles so aufschreibe, war es wohl das Beste, den Kontakt gleich zu beenden, denn letztendlich hätte ich mir nicht einmal vorstellen können, ihm körperlich näher zu kommen.

Es brauchte erneut seine Zeit bis ich verstand, dass alles gut war, wie es gekommen ist. Ich hätte ein Leben an seiner Seite nicht leben wollen, zum ersten Mal war mir bewusst, dass ich eigentlich nicht aus Berlin fortziehen und auf keinen Fall meine Wohnung so schnell verlassen wollte. Mir war durch ihn bewusst geworden, was ich mit der Scheidung hinter mich gebracht hatte und wie viele Schritte ich doch schon gegangen und bei mir angekommen war. Ich war bei weitem über mein Alleinsein nicht mehr so traurig wie er es war.

Eigentlich war ich inzwischen sogar ganz zufrieden. Diese Feststellung war doch neu.

Auch sah ich im Laufe der Zeit meinen Ex-Mann mit anderen Augen. Ich verstand immer mehr, warum er damals mein Mann geworden war und damals gut zu mir passte. Aber ich verstand zudem immer mehr, dass für uns beide die Trennung ein Geschenk war und ich war für den inzwischen wieder netten Kontakt mit ihm sehr dankbar. Denn wir beide waren nicht mehr die Gleichen, wir waren bei unserem Kennenlernen ja noch nicht einmal erwachsen gewesen und hatten es mit Anstand geschafft, so lange eine gute Ehe zu führen und uns hinterher sogar mit Anstand zu trennen. Seit dem Date mit Kai war mir bewusst, dass meine Ehe tatsächlich eine Tatsache war, die ich in meinem Leben gut hinter mich gebracht hatte und mein Ex-Mann und ich konnten zufrieden auf unsere Vergangenheit schauen und uns an unseren Kindern erfreuen. Auch wir besaßen gemeinsam ein Haus. Doch meinen Seelenfrieden wegen einer gerichtlichen Auseinandersetzung aufs Spiel zu setzen, wäre mir nicht in den Sinn gekommen. Ich hatte erst einmal abgewartet. Ich bin ausgezogen, als ich merkte, dass er dort wohnen bleiben wollte. Drei Jahre wohnte er noch dort, zum Schluss ganz allein, nachdem auch unser Jüngster ausgezogen war und dann haben wir uns für den Verkauf entschlossen. In diesen drei Jahren feierten wir alle noch zusammen Heilig Abend in dem Haus, auch meine Mutter wurde mit eingeladen. Mein Ex und ich saßen am Weihnachtsabend nun zwar nicht nebeneinander, aber der Kinder wegen fühlte es sich richtig für uns alle an. Wir haben uns die Zeit für den Abschied vom Haus gegenseitig zugestanden. Jedem tut die Trennung weh und jeder leidet anders, warum dem anderen nicht das lassen, was dieser mehr braucht als man selbst?

Es gehört wohl auch viel Geduld und auch Vertrauen zum Leben überhaupt dazu, Geduld, um sich nicht schnell mit jemanden zu verbinden, nur, damit man nicht allein mehr ist. Jedenfalls wollte ich das so, nach meiner Scheidung nicht schon am Anfang ein falsches Gefühl unterdrücken zu müssen bzw. geflissentlich überhören zu wollen, was der Bauch mir doch sehr vernehmbar zurief. Mindestens am Anfang sollte sich doch alles richtig für mich anfühlen.

Mit

Malik, 58, selbstständig,

wechselte ich nur sehr wenige Nachrichten. Meine Lust, sich Unbekannten ständig vorstellen zu müssen, war fast verschwunden und erreichte den Tiefpunkt.

Malik war zwar um einige Jahre älter als ich und sah auch auf dem Foto altersgerecht aus. Aber er hatte noch volles dunkles Haar und wirkte freundlich und seriös. Auf dem Bild war er auf einem Bootssteg in Hemd und Jeans mit einem hellblauem Pullover, den er über die Schulter trug, zu sehen und er lachte, wodurch ich seine strahlend weißen Zähne genau erkennen konnte. Weit entfernt von Kai´s Verbitterung, wie wohltuend! Er machte einen sehr gepflegten Eindruck, kein Haar schien am falschen Platz, er schien ein zufriedener und glücklicher Mann zu sein. Und suchte ich nicht genau das? Ich dachte, dieser Mann hat einige Jahre mehr Erfahrung und ganz bestimmt ist er gerade nicht mit einem Rosenkrieg beschäftigt, so sieht es jedenfalls aus. Ich wusste aus dem Profil, dass er aus der Türkei stammt. Aber letztendlich sagt dieses Wissen nicht viel aus, wie lange er zum Beispiel schon in Deutschland lebte und unter welchen Umständen. Manche nehmen die deutsche Staatsangehörigkeit an, manche nicht, manche sprechen perfekt Deutsch und manche, so wie Jannik aus Polen, sprechen noch nach 20 Jahren schlechtes Deutsch. Im Grunde kann ich das verstehen, ich bin auch nicht sprachbegabt und bewundere jeden, der eine andere Sprache als die eigene Muttersprache, akzentfrei spricht. Da Malik schon älter war, ging ich von längerem Leben in Deutschland aus und setzte hier auf die Gelassenheit, die der Mensch doch mit jedem neuen Lebensjahr – in der Regel – dazu bekommt. Ich dachte also nur positiv und wollte ihn treffen.

Die Verabredung war an einem warmen Sommertag. Ich erblickte ihn schon von weitem, er saß draußen an einem Tisch des verabredeten Lokals, es war wieder das „Meilenstein" in Spandau, was ich nach seiner Aufforderung vorgeschlagen hatte. Er saß zurückgelehnt auf dem Stuhl, doch die Gartenmöbel wirkten fast zu klein, er stach aus den anderen sitzenden Gästen hervor, ein großer stattlicher Mann und eine schillernde Persönlichkeit. Ich ging auf ihn zu. Er hatte noch seine Sonnenbrille auf, setzte sich aufrecht hin und stand dann zur Begrüßung auf. Sein Alter tat bei ihm keinen Abbruch, aber passte er zu mir? Ich kam mir vor wie ein kleines Mädchen oder eine Praktikantin, die den zukünftigen Chef begrüßte. Er wirkte mondän und lächelte und nahm seine Sonnenbrille erst spät ab und als er in nicht so hervorragendem Deutsch zu sprechen begann, spürte ich endlich seine Menschlichkeit.

Er ließ sich lächelnd von mir die leckeren alkoholfreien Cocktails erklären und bestellte sich zusätzlich noch eine Tomatensuppe, die dort frisch zubereitet wird und von der ich wusste, dass sie dort sehr wohlschmeckend ist.

Sein Strahlen galt aber wohl nicht mir allein, denn er erzählte gleich am Anfang, nachdem wir bestellt hatten, „was für ein wunderbar großer Schatz die Online-Plattform doch wäre, man könnte hier aus dem Vollen schöpfen". Mein Gehirn signalisierte Alarm und meine Aufregung war verflogen. Meine Gedanken übernahmen Oberhand und meine Gefühle waren auf „Vorsicht" gestellt. So empfand ich unsere weitere Unterredung wie in einem Film. Er stand wohl über den Dingen und schien sich hier nur für kurze Zeit verirrt zu haben. Er war Geschäftsmann und reiste viel. Diesem Mann merkte man das auch an. Die Welt schien ihm zu gehören, politisch schwierige Länder kommentierte er mit einem Lächeln. Er wollte in der Tat in der Türkei ein Künstlerdorf aufbauen, um die Künstler vor Ort zu unterstützen. Wenn ich jetzt Künstlerin wäre, wäre ich wahrscheinlich dahingeschmolzen, aber ich war inzwischen eine bodenständige Frau, die für ihren Lebensunterhalt ziemlich hart arbeiten musste und die sich nicht leisten konnte, zeitlich schon gar nicht, nur ihre Künste auszuleben. Ich kam mir vor wie im Urlaub: Alles fremd und es ist Sommer. Er erzählte tatsächlich nicht sehr viel Persönliches und ich erfuhr mehr über seine Firma und sehr viel von der Türkei, ein, wie er meinte „wundervolles und riesiges Land mit so unterschiedlichen Gebieten". Er klärte mich über die verschiedensten Menschen dort auf und schwärmte von seinem Geburtsort und dass er mehrere Monate im

Jahr dort verbringen würde. Unser Gespräch hatte für mich die Atmosphäre eines Geschäftsessens mit befreundeten Firmenkollegen. Alles war tatsächlich sehr interessant, letztendlich erforderte das Gespräch für mich aber somit viel Konzentration, nicht zuletzt wegen seiner schlechten Aussprache. Meine Gefühle hielten die Füße still und hüteten sich davor hochzusteigen.

Ich hatte offene Sandalen an und im Laufe des Abends fing ich an zu frösteln und hatte am Ende kaum noch eine Stimme. Ich war im Laufe des Treffens krank geworden.

Wir standen auf, er hatte bezahlt und seine Tomatensuppe ließ er, mit halb vollem Teller noch, stehen. Mir ging es inzwischen gar nicht gut und ich riss mich zusammen. Ich fragte somit nicht nach, ob ihm die Suppe nicht schmeckte oder sie ihm wegen seiner Erzählungen kalt geworden war.

Er fuhr mich mit seinem „Schiff" nach Hause, meine beiden Jungens hätten wahrscheinlich das Date nur wegen der Autofahrt toll gefunden. Aber ich weiß nur, dass es ein riesiges Auto war (Mercedes? BMW?), ich kenne mich nicht aus, es war inzwischen dunkel auf dem Parkplatz und ich kann ja schlecht schauen und fragen: „Moment mal, was für ein großer Schlitten ist das denn?" Die Autofahrt war dementsprechend, wir schwebten durch die Straßen, nichts ruckelte und wir sprachen von Tanzkursen. Er brachte mich bis vor die

Tür und wir verabschiedeten uns sehr freundlich, aber unverbindlich.

Anders als erwartet und für mich völlig überraschend - ich hätte ihm das nie zugetraut, hatte er mir doch von seinem vollen Terminkalender erzählt, auch am Sonntag -, brachte er mir noch am nächsten Tag warmes Mittagessen vorbei, weil ich krank geworden war. Wir saßen dann beide in meiner Küche und aßen gemeinsam und ich erfuhr, dass er nicht nur selbstständig, sondern auch schon Rentner war. Ich glaube, wir hatten beide verschiedene Träume von unserer Zukunft. Dass er mir das Essen vorbeibrachte, war wirklich sehr anrührend. Wir bedanken uns gegenseitig für unser Kennenlernen und sahen und hörten nie wieder etwas voneinander. Auf die langen Aufenthalte in die Türkei hätte ich ihn nicht begleiten können. Und so wäre nicht viel Zeit für uns in Berlin verblieben. Das wussten wir wohl beide. Außerdem hätte ich nicht gewusst, ob ich mich noch in ihn verliebt hätte oder er sich in mich, schließlich möchte ich mich doch geliebt fühlen und die geschenkte Liebe auch gerne erwidern wollen.

Denn für ihn gab es noch genug andere Schätze auf dem Online-Portal, die er aus dem großen Meer fischen konnte, ich war erst sein zweites Date.

Konrad

Ich fühlte mich eine ganze Weile krank und zweifelte wieder sehr, jemals den passenden Mann für mich zu finden. Mit dem nächsten Mann,

Konrad, 52, keine Angabe,

kommunizierte ich daher wieder sehr lange bereits vor unserer ersten Begegnung. Dies war zusätzlich dem Umstand geschuldet, dass er in den Urlaub fuhr. Die Hoffnung, dass er Derjenige sein kann, steigerte sich langsam, aber stetig. Anders als mit Kai, mit dem ich während seines Urlaubes in Österreich Kontakt hatte, hatte ich mit Konrad vor seinem Urlaubsantritt bereits ein längeres Telefonat geführt. Ich fand daher schon vorher Gefallen an seiner Stimme und Sprache, auch was er von sich erzählte, gefiel mir. Er hatte eine wunderbare und sehr klare Aussprache. Er hatte seinen sicheren Job als angestellter Steuerberater aufgegeben und noch einmal ganz von vorne angefangen. Ich fand das bewundernswert, denn als Motiv nannte er, dass er seinem Leben mehr Sinn geben wollte.

Sein Bild empfand ich als ansprechend. Ein bisschen erinnerte er mich beim Anblick an Heinz Rühmann in seiner Rolle in der Feuerzangenbowle, er schien zwar nicht so männlich markant auszusehen, aber durchaus sehr sympathisch. Er war auch tatsächlich nur wenige Zentimeter größer als ich.

Bei ihm stimmte, je mehr ich von ihm erfuhr und je länger unser Kontakt anhielt, das sogenannte „Gesamtpaket". Mit der Zeit konnte ich mir immer besser vorstellen, dass es endlich passen könnte. Nach dem Telefonat fuhr er mit seinem Vater gemeinsam in den Urlaub nach Frankreich in die Provence. Auch dieses Verhalten fand ich familiär und dachte darüber nur bestärkend für ihn und letztendlich war es mir lieber, als wenn er allein fuhr und vielleicht noch der Liebe seines Lebens im Urlaub begegnen würde. Von Frankreich träumte ich ebenfalls und fand es hochinteressant. So kam es, dass er mir von seinem Tag jeweils kurz die Unternehmungen zu bekannten Sehenswürdigkeiten schilderte, die ich wie ein Schwamm aufsaugte. Freudig stellte ich am stressigen Vormittag im Büro fest, dass er mir geschrieben hatte und ich freute mich auf die Mittagspause, alles in Ruhe auf mich wirken zu lassen und kurz antworten zu können.

Unsere Nachrichten gingen nach kurzer Zeit abends vermehrt hin und her und wurden immer persönlicher. Er fing mit Küsschen verschicken an, Umarmungen, und eines Abends kamen Berührungs- und Streichelvorstellungen hinzu. Als am nächsten Abend seine Vorstellungen noch konkreter wurden und er mir ganz genau beschrieb, wohin seine Hände auf meinem Körper glitten und was dabei mit seinem Körper passierte, erhielt ich von einer Minute zur anderen einen Bewusstseinsschock. Ich stellte fest, dass er in Gedanken mit mir gerade Sex haben wollte. Das war nicht die schlimmste Vorstellung, doch das Bewusstsein darüber, dass ich ihn überhaupt nicht kannte und er am Ende wieder anders war als ich jetzt noch dachte. Und ich fragte mich, was tue ich hier, worauf lasse ich mich gerade ein? Ich habe ihn noch nicht mal gesehen! Klar, er machte Urlaub mit seinem Vater, sah sich am Tage schöne Dinge an, ich arbeitete ermüdend und kräfteraubend währenddessen und hatte am Abend nur wenig Zeit. Wenn ich mehr Zeit für das Schreiben mit ihm investierte, verzichtete ich auf ein ordentliches Abendbrot oder andere notwendige Erledigungen, weil der Tag nach der Arbeit und dem Heimweg schlicht fast schon vorbei war.

Es kam mir plötzlich falsch vor und für einen Moment dachte ich, andere Leute bekommen für solche Dinge, die ich gerade tue, wenigstens Geld. Ich fühlte mich benutzt und meine Stimmung war mit einem Schlag gedämpft. Das zeigte mir, dass ich doch schon einige Schritte weiter war. Obwohl ich so viel Hoffnung hatte, dass er diesmal der Richtige war, habe ich meine Wünsche zurückgehalten.

Die erlebten Enttäuschungen machten mir meine jetzige Situation klar: Ich saß letztendlich wieder allein in meiner Wohnung. Ich wusste inzwischen, dass all die Telefonate, die vorher stattfanden, ohne den Mann zu kennen, von einem Tag auf den anderen völlig wertlos werden können. Und dies war hier nochmals eine andere Liga des Kontaktes und ich stoppte sofort.

Ich schrieb ihm, wir müssen uns erst einmal sehen, bevor diese Art von Nachrichten weiter geschrieben werden. Er akzeptierte das.

Der Tag unserer Begegnung kam. Wir trafen uns auf dem Bahnhof. Den ersten Eindruck von ihm empfand ich relativ leidenschaftslos. Weder war ich freudig erregt oder überrascht, noch irgendwie enttäuscht. Ich war wieder auch damit beschäftigt, die geschriebenen Nachrichten und meine Vorstellungen von ihm gedanklich in Verbindung mit dem vor mir stehenden Mann zu bringen.

Lerne ihn kennen, lass dich auf ihn erst einmal ein, sprach meine innere Stimme mir zu, es sah doch bisher ganz so aus, als ob es perfekt passen könnte.

Er sah eigentlich auch aus wie auf dem Bild, doch ein Bild ist ein Bild und ein Gegenüber ist ein Gegenüber. Es ist trotzdem eine erste Begegnung und die Bewegungen, die Gestik, der Gang und das Verhalten zu meinem Verhalten sind komplett neu und im positiven Sinne aufregend oder wie hier mehr zurückhaltend.

Er hielt mir sofort nach unserem mündlichen „Hallo" seine steif gewordene Hand hin, von der er mir nie vorher etwas erzählt hatte. Ich habe grundsätzlich damit kein Problem, doch fände ich es nur fair, es irgendwie vorher schon zu erwähnen.

So klärte er mich nun als Allererstes, noch direkt auf dem Bahnhof, darüber auf, dass ich diese Hand auf keinen Fall drücken oder irgendwie schwungvoll dagegen kommen dürfte, weil sonst die Gefahr bestände, dass seine gesunden Finger gebrochen werden. „Ich kann die Hand zwar operieren lassen, aber das will ich nicht. Ich kann mit dieser Hand so sehr gut leben“, klärte er mich weiter auf und ich stellte mir umgehend vor, wie ich mich neben ihm im Bett umdrehe und - zack - auf seiner Hand lande und ihm die Finger breche. Es war wohl mehr die Art und Weise der sofortigen und forschen Mitteilung, die mich direkt bei der Begrüßung überforderte. Man steht in der Situation darin und fühlt. Hinterher habe ich für seine Art und Weise auch mehr Verständnis aufbringen können, offensichtlich war er selbst sehr aufgeregt und wollte diese Mitteilung jetzt einfach schnell hinter sich bringen.

Ich wollte diesmal nicht so schnell meinem Bauchgefühl nachgeben, dazu hatten wir vorher zu netten Kontakt und rein verstandesmäßig hatte ich keinen Haken gefunden.

Dementsprechend fühlte er sich meiner wohl sehr sicher und sich selbst ebenfalls ganz toll - ja, und vielleicht war er eben aufgeregt - und erzählte viel von sich und was er von seiner Zukünftigen erwartete. Er war noch verheiratet, lebte aber bereits in Trennung. Wir gingen inzwischen die Straßen entlang und suchten ein Lokal und als ich ihm auf der „falschen“ Seite zu nahe kam, machte er mich nochmals mahnend aufmerksam, dass ich seiner Hand bitte nicht zu nahe kommen solle.

Ich fand es ganz rührend, dass er mir ein kleines Souvenir von der Reise mitbrachte. Es war eine Lavendelseife und ein kleines Säckchen mit frischem Lavendel. Ich freute mich riesig darüber, denn er traf damit ins Schwarze, ich liebe frischen Lavendel. Früher in unserem Garten vor dem Haus hatten wir einige größere Lavendelpflanzen und ich zupfte mir in Blütezeiten oft einen kleinen Zweig ab und hielt ihn mir unter die Nase und zerrieb dabei einige Blüten, damit ich den dann entströmenden Duft direkt einatmen konnte. Mit Lavendel in der Hand liebte ich die kurzen Pausen vor unserem Haus, wir hatten eine Bank dort auf der Ost-Seite aufgestellt, wo es im heißen Sommer vormittags am besten auszuhalten war.

Er kannte ein Weinlokal, ich wusste nicht einmal mehr, in welcher Straße ich mich befand. Ich war zu sehr mit meinen Gedanken und unserer Unterhaltung beschäftigt und dem Registrieren meiner Gefühle dabei.

Das Lokal war sehr gemütlich und er schien hier schon bekannt zu sein, was ich aus der doch persönlichen Begrüßung mit der Kellnerin schloss.

Und dann erzählte er von seinen Erwartungen an die zukünftige Partnerin. „Lange Haare und schlank sollte sie auf jeden Fall sein“, beschrieb er unaufgefordert seine Wunschvorstellungen. „Also“, setzte er nach, „dick geht gar nicht!“.

Bei mir schalteten alle Alarmleuchten im Gehirn auf Rot. Ich suchte einen Mann, mit dem ich die zweite Lebenshälfte verbringen und alt werden möchte, ich dachte nur, was ist, wenn ich mal krank werde, Medikamente nehmen muss und aufschwemme? Und auch ich hatte schon mal einen Kurzhaarschnitt, bin ich deshalb eine Andere?

„Das geht wirklich gar nicht“, wiederholte er mit Nachdruck und ich fühlte mich in meinen Gedanken ertappt. Er reagierte wahrscheinlich so darauf, weil ich einfach dazu nichts antworten konnte. Ich war sprachlos und meinen Gedanken ausgeliefert. Auch sein sachlicher Tonfall zu diesem Thema wirkte auf mich, als wenn er mir einen Eimer mit eiskaltem Wasser über den Kopf gegossen hätte.

Im selben Atemzug betonte er zusätzlich, was für ein Ästhet er sei und welchen großen Wert er auf Gepflegtsein lege, während meine Augen auf sein offenes Hemd starrten und dort im ungezähmten Wildwuchs lange Haare bis zum Hals hervorragten, die im absoluten Widerspruch zu seiner Glatze standen. Ich maße mir überhaupt nicht an, über Aussehen zu urteilen, kann ja nur äußern, ob mich persönlich etwas anspricht, die Geschmäcker sind zum Glück verschieden, aber er war es gerade, der die Maßstäbe definierte und ich konnte nur wortlos zuhören.

Er äußerte ständig seine Meinung über Dinge und Menschen und deren Verhaltensweisen, ohne zu relativieren oder sich zu mäßigen oder auch nur ansatzweise einzugestehen, dass es natürlich mal Umstände geben könnte, die andere Menschen zu einem anderen Verhalten zwingt oder dass Menschen eben schlicht verschieden sind. Bei der einen oder anderen Verkündung tauchten bei mir Bilder von meinen Kindern oder Freunden auf, von denen ich wusste, dass dies dort manchmal so war und auch warum. Wie sollte ich diesen Mann in meine Familie und bei meinen Freunden integrieren? Er mochte das wahrscheinlich sowieso nicht.

Er merkte in seinem Eifer nicht oder wollte es sich nicht anmerken lassen, wie unsympathisch er inzwischen auf mich wirkte und forderte stattdessen die Küsse ein, die wir uns schon versprochen hatten.

Wir waren indessen wieder auf der Straße und gingen noch spazieren, um reden zu können. Schließlich kam er noch mit der Sprache heraus, dass er gar nicht so richtig allein wohnte, sondern erst umgezogen sei, bei seinem Vater sozusagen untergeschlüpft sei. Bei diesem bekam er auch regelmäßig am Abend sein warmes Essen. Und ich hatte mir eingebildet, ihm ginge es ein bisschen wie mir: erst spät abends daheim, dann allein und zusehen, wie man in kurzer Zeit – müde, hungrig und kaputt von der Arbeit – sein Essen gezaubert bekommt, um das Leben noch zu spüren.

Wir hatten auch einmal über das Fernsehen gesprochen und dass ich nur einen alten Apparat besaß, mit welchem ich lediglich vier Programme empfangen konnte. Er pflichtete mir damals bei und gab an, er hätte sogar gar keinen Fernseher und dass man das Fernsehen nicht so bräuchte und sowieso oft keine Zeit für die Sendungen hätte. Ich fühlte mich damals sehr verstanden, doch jetzt erfuhr ich, dass sein Vater ja einen Fernseher besaß und wenn dann doch ein toller Film mal käme, bräuchte er nur bei seinem Vater im Zimmer mit zuschauen. Na toll, unter diesen Umständen ist es natürlich leichter auszuhalten, keinen Fernseher zu haben, dachte ich.

Ich erfuhr auch, dass er mehr oder weniger aus gesundheitlichen Gründen seinen Job aufgeben musste.

Alles, was ich vorher an ihm bewundert hatte, fiel wie ein Kartenhaus zusammen, doch er merkte nichts und sprach immer weiter. „Wie kann man nur so gestrickt sein, sich sein Essen nach Hause liefern zu lassen?“, bemerkte er abfällig als ein Auslieferer uns mit seinem Fahrrad über den Weg lief. „Was sind das nur für Menschen?“ Er verzog sein Gesicht und seine Abwehr war deutlich.

Ich ging in die Offensive: „Na, vielleicht hatten diese einfach keine Zeit zum Kochen und seien hungrig und wollten sich mal ausnahmsweise verwöhnen lassen?“

Vor meinem geistigen Auge erschien meine Tochter mit ihrem Freund, die damals noch manchmal acht Stunden durchlernten, zwischendurch Nachhilfe gaben und in Ausnahmefällen, mal am Wochenende, sich das Essen auf diesem Wege spendierten.

„Ach was, diese Menschen können wahrscheinlich nicht mal kochen!“ riss er mich aus den Gedanken an meine Tochter und mir fielen die vielen leckeren Gerichte ein, die ich bei den beiden schon genossen hatte. Sie kochten nicht nur gerne, sondern auch ausgesprochen gut. Aber es gab eben auch mal Ausnahmetage. Für ihn war es ja einfach, wenn der Vater kocht und er alles vorgesetzt bekommt, dann kommt er auch niemals in die Misere, etwas bestellen zu müssen. Jeder kann doch machen, wie es ihm gefällt, aber mir missfiel die ständige Verurteilung der Menschen, die es anders machten als er.

Anders als er hatte ich eine eigene Wohnung, aber bei mir hatten sich schon mit einem lauten Geratter schwere dunkle Holzjalousien vor einem nächsten Wiedersehen heruntergelassen. Obwohl ich ihn weder mit meinem Verhalten und schon gar nicht mit Worten dazu ermunterte, zog er mich immer wieder an sich heran und wollte küssen. „Wir schulden uns doch noch so viele Küsse“, begründete er sein Verhalten.

Ich wollte jetzt nur noch nach Hause und er fuhr dann zwei Stationen mit der U-Bahn mit. Die Bahnfahrt empfand ich als unangenehm und als er ausstieg, war ich froh, wieder allein zu sitzen. Ich brauchte nicht nachzudenken, ich wusste, dieser Mann war nicht der Richtige für meine Zukunft. Er aber verabschiedete sich mit einem entschlossenen „Bis zum nächsten Mal.“.

Noch in der Bahn und nur einige Stationen weiter schrieb ich ihm, dass ich „mit uns kein gutes Gefühl mehr“ hätte. Ich schrieb nichts weiter, kein „ich will dich nicht mehr wiedersehen“ oder „adieu, hab noch ein schönes Leben“ oder sonst irgendeine Verabschiedung. Ich teilte ihm nur meine Gefühle mit und als ich die Nachricht absandte, fühlte ich mich erleichtert und frei.

Seine Antwort folgte prompt mit nur einem einzigen Wort, wobei Wort hierbei noch übertrieben klingt, es war nur ein Ausdruck. Er schrieb: „Aha!“, mehr nicht. Es dauerte einige Minuten bis ich feststellte, dass tatsächlich keine Nachricht weiter folgen würde und dies wirklich die einzige Reaktion auf meine Gefühlsmitteilung war. Er machte es mir dadurch sehr viel leichter und ich entschloss mich, hierauf nicht zu antworten.

Das war also das Ende unseres so intensiven vorherigen Kontaktes.

Mir bestätigte seine Reaktion nur mein Gefühl, dass es ihm vorrangig um ein Betterlebnis ging. Vielleicht sogar nicht nur, aber das sollte auf jeden Fall jetzt und in meiner Wohnung stattfinden, nur fand ich ihn leider in keinster Weise mehr anziehend, weder für mein Leben noch für eine Bettgeschichte.

Wir löschten uns auch gegenseitig auf der Online-Plattform.

Obwohl die Enttäuschung groß war, war ich aber dennoch erst einmal froh, die Probleme nicht lösen zu müssen, die ich mit diesem Mann in meinem Alltag ganz gewiss gehabt hätte. Aber trotzdem war der Zweifel an meiner eigenen Person nach solchen Begegnungen vorhanden. Konnte ich das nicht bereits vorher ausschließen, werde ich eventuell fehl eingeschätzt? Zu entstehenden Begegnungen gehören schließlich immer zwei, auch kann ich ja natürlich nur unter den Männer wählen, die gerne mit mir Kontakt haben wollen. Schwere Fragen gingen nach solchen „Niederlagen" durch meinen Kopf, die erst mit Abstand nicht als Niederlage zu werten waren, sondern als Teil meines Lebens, welches mich zur Weiterentwicklung zwang, wenn ich nicht daraus getroffen hervorgehen wollte.

Tatsächlich lernte ich, je länger die Zeit des Alleinseins andauerte, mir den Alltag so zu gestalten, dass es trotzdem irgendwie schön war. Ich fing an, immer öfter über ehrenamtliche Tätigkeit nachzudenken und anderen Menschen helfen zu wollen. Das hatte ich doch bei Konrad so positiv empfunden. Er hatte zwar Geld dafür bekommen, aber es machte Sinn. Es tat gut, wieder dem eigenen Leben mehr Sinn geben und gestalten zu wollen, als nur mit der Suche nach einem Partner beschäftigt zu sein.

Doch hatte ich in dieser Zeit keine Reserven, um ehrenamtliche Tätigkeit tatsächlich schon in meinem Alltag aufzunehmen, die Arbeit für den Lebensunterhalt und die vielen Stunden der Hin- und Rückfahrten dorthin, forderte noch alles und wie legitim ist der Traum, selbst einmal in den Arm genommen zu werden und eine starke Schulter zu spüren? Ist man deswegen ein Egoist?

Ich denke, auf keinen Fall, denn wir Menschen brauchen die anderen Menschen. Doch zum ersten Mal ging mein Fokus über einen Partner hinaus. Wenn wir die Menschen brauchen, kann ich doch ebenfalls zu Menschen, die Hilfe benötigen, hingehen und ihnen helfen. Ist es nicht egal, welche Art von Liebe in das Leben hineinleuchtet, kann es nicht einfach nur die Nächstenliebe sein? Doch hierzu braucht es erst einmal Kraft und die Energie, selbst mit seinem eigenen Leben gut klar zu kommen und nicht jeden Abend am Rande der Erschöpfung müde ins Bett zu fallen. An ganz schlechten Tagen dachte ich über das Leben einer Nonne im Kloster nach und konnte zum ersten Mal nachvollziehen, dass sie vielleicht richtig glücklich war.

Aber ich schaffte es auch immer schneller, aus meinen Tiefs wieder hervorzukriechen und dem Leben ein fröhliches „Hallo“ und „Weiter geht's“ zuzurufen.

Die Zeiten zwischen den Kontakten und wo es gerade niemanden gab, auf den sich die Hoffnung auf ein Leben zu zweit projizieren ließ, fühlten sich die ersten Tage richtig, aber traurig an und nach dem Auseinandersetzen mit der eigenen Wirklichkeit wirkten sie bei mir stärkend. Je stärker an guten Tagen desto vernichtender an schlechten Tagen. Und für diese schlechten Tage gibt es zum Glück die Online-Suche und man „begrüßt“ die anderen Suchenden wie alte Freunde und fühlt sich verstanden, wenigstens diese Menschen verstehen das eigene Problem, was unglücklich Verheiratete als beneidenswerten Zustand beschreiben. Wenigstens sie, wenn schon niemand aus der unmittelbaren Umgebung alles annähernd nachvollziehen kann. Kinder und Freunde winken schon fast ab bei der Erzählung, wieder einen neuen Menschen gefunden zu haben, bei dem bis jetzt noch kein Haken aufgetaucht ist.

„Kind, Du musst schon Haken in Kauf nehmen, perfekte Menschen gibt es nicht“, ist so zwischendurch immer wieder mal die Bemerkung meiner Mutter.

Das ist mir doch auch schon klar. Muss ich deshalb einen Menschen in Kauf nehmen, der mich in meiner ganzen Person als Frau nicht wahrnimmt, sondern mich möglichst schnell im Bett haben will? Damit hätte ich jetzt auch kein Problem, immerhin hatte ich zwei Beziehungen aus der Online-Plattform, aber ich möchte das natürlich auch als schönes Erlebnis empfinden und den Mann anziehend finden. Denn wenn der Mann mich anspricht, mich respektiert und Menschen überhaupt respektiert, so dass ich ihn ebenfalls respektieren und für voll nehmen kann und ich ihn zusätzlich anziehend finde, finde ich nicht, dass ich keine Haken ertrage. Es gibt dabei im Allgemeinen noch genug Probleme im Alltag und die beiden vorherigen Beziehungen haben mir gezeigt, dass ich sehr wohl mit sogenannten Haken leben kann, doch der Respekt mir gegenüber ist dazu Voraussetzung. Das hab ich hinter mir, dass ich mich ständig rechtfertigen muss. Aber ich weiß natürlich, was meine Mutter meint. Ich muss mich bald auch mal wieder auf das Leben einlassen, aber bitte nicht ohne Schmetterlinge im Bauch. Ich hätte gerne Schmetterlinge im Bauch, ist das zu viel verlangt bei der Suche?

Auf das Leben einlassen, o.k., ich werde dies tun.

Mit

Vincent, 53, öffentlicher Dienst,

hatte ich das vor und wollte mich auf das Leben einlassen. Er sah auf dem Foto mit seinen dunkelblonden noch vollen Haaren und blauen Augen, in Jeans kniend und sportlichem Pullover fast jünger aus. Offensichtlich hatte er noch gar keine Fältchen, obwohl er sehr schlank schien. Sein Blick war lachend und direkt in die Kamera gerichtet und er wirkte auf mich anziehend. Wir schrieben uns nur sehr kurz und verabredeten uns nach nur wenigen Nachrichten, in welchen wir gegenseitig unser Interesse an einander bekundet hatten.

Wir trafen uns an einem Samstag in dem rustikalen Brauhaus Spandau. Wir kamen fast zeitgleich am Eingang an und ich erkannte ihn sofort. Er hatte für mich bei weitem zwar nicht so viel Sexappeal wie ich aufgrund des Fotos angenommen hatte. Allein sein Gang, der ein bisschen hölzern und steif trotz seiner schlanken Beine wirkte, überraschte mich. Alles an ihm schien glatt, kein Bauch, kein Po und keine Beinmuskeln zeichneten sich ab. Er schien nicht sonderlich sportlich zu sein oder man sah es ihm nicht an. Ich fand ihn in keinster Weise elegant oder gar geheimnisvoll. Doch ich erkannte ihn trotzdem gleich - er war auch der einzige

Mann vor dem Eingang - und wir gingen gemeinsam in das Brauhaus und setzen uns auf die Holzbänke vis à vis, allerdings sympathisch vertraut wie alte Freunde. Ja, sympathisch wirkte er tatsächlich und die Stimmung war positiv und hatte gar nichts Befremdliches.

Trotz der sehr lauten Kulisse unterhielten wir uns ehrlich und teilweise sehr intim. Er erzählte mir von seiner Ehe, in der er nicht mehr glücklich war, weil seine Ehefrau mit ihm keinen sexuellen Kontakt mehr haben wollte und wie schwierig die Trennung für seine Kinder nun sei. Manchmal mussten wir Wortfetzen fast rufend wiederholen, dann stießen wir in der Mitte des Tisches beinahe mit unseren Köpfen zusammen. Doch ergaben sich zusätzlich einige traurige Themen aus seiner Vergangenheit und eine adäquate Antwort erforderte von mir öfter ein konzentriertes Stirnrunzeln und augenabwendendes Überlegen. Gefühle konnten bei mir vor lauter Nachdenken über seine aufgeworfenen Fragen zu seiner schwierigen Kindheit nicht aufkommen. Hier fehlte die Leichtigkeit, obwohl wir uns verstanden und bestimmt nicht unsympathisch waren. Er war für mich der typische „Kumpeltyp", vertrauenswürdig, aber nicht sofort anziehend. Aber für ein erstes Date fand ich das dann doch in Ordnung so. Ich müsste ihn mal beim Tanzen erleben, er erzählte, dass er gerne tanzte und ich schöpfte Hoffnung, dass es zwischen uns vielleicht ja noch mal funken könnte. Insbesondere nach dem Kennenlernen von Konrad fand ich die Menschlichkeit von Vincent sehr wohltuend, er sorgte sich um seine Kinder und im Gegensatz zu mir – die sich das für die Zukunft nur vorgenommen hatte – übte er schon einige ehrenamtliche Tätigkeiten aus, was meinen Eindruck von ihm untermauerte. Er war ein Mann der Tat, war beruflich sattelfest und suchte eine Partnerin, die ihm zugewandt war.

Er fuhr mich nach Hause und ich selbst beschloss für mich, diesen Mann noch einmal unter anderen Umständen, gerne nächste Woche mal beim Tanzen, erleben und uns eine Chance geben zu wollen. Wir verabschiedeten uns mit einer Umarmung und einem Dankeschön.

Doch am nächsten Tag erreichte mich von ihm eine längere Nachricht, in welcher er erklärte, dass er nach längerer Überlegung beschlossen hätte, sich mit mir nicht erneut treffen zu wollen. Er hätte keine Schwingungen zwischen uns gespürt und er „hätte nach seinen langjährigen Eheerfahrungen keine Kraft mehr, um die Anziehung buhlen zu müssen und sei müde, immer die treibende Kraft sein zu müssen." Er fragte mich aber noch, ob er sich denn irren würde. Ich musste aber leider ehrlich gestehen, dass ich ebenfalls keine Schwingungen vernommen hatte, konnte ihm also nichts versprechen, sondern nur mitteilen, dass ich uns gerne noch eine Chance mit einem zweiten oder gar dritten Treffen gegeben hätte. Ich schrieb ihm auch, dass ich die Erfahrung gemacht hatte, wenn denn Schwingungen beim ersten Date vorhanden waren, dies auch keine Garantie sei, dass man tatsächlich zueinander passen würde. Sex sei doch kein Garant, dass man sich ineinander verlieben würde. Er schrieb zurück, dass er an Sex gar nicht gedacht hatte! Hier hatte ich mich wahrscheinlich nicht präzise genug ausgedrückt, ich meinte schon auch das Flirten und sich zueinander hingezogen fühlen, was aber immer noch entstehen könnte. Ich denke, Paare, die sich auf der Arbeitsstelle ineinander verliebt haben, wissen genau, was ich meine. Der Moment X, der alles verändert, kann eigentlich jederzeit noch aufkommen. Das Lied „tausend Mal berührt, tausend Mal ist nichts passiert ..... und es hat Zoom gemacht" von Klaus Lage beschreibt es doch so vortrefflich. Dies wäre jedenfalls meine Hoffnung bei einem weiteren Treffen gewesen. Ich denke, wenn Sympathie vorhanden ist, hätten wir es in anderer Umgebung noch einmal versuchen sollen. Die so ernsten Gespräche bei unserem ersten Treffen waren für die Gefühle einfach hinderlich. Er war jedoch geschädigt von seiner Ehefrau und wollte hier eindeutigere Zeichen von mir erhalten. Das war es wahrscheinlich auch, was mein Unterbewusstsein empfangen hatte, auf mich wirkte der Mann sehr nett und anständig, bestimmt auch gutaussehend, aber eben speziell auf mich unsexy. Wahrscheinlich würde er tatsächlich besser zu einer Frau passen, die Schwingungen spürt, diese aber mit keinem Gedanken an Sex in Verbindung bringt.

Egal welche Schwingungen er erwartet hatte, unsere Chemie passte wohl leider nicht und es sollte keine Zeit für uns geben.

So sahen wir uns nie wieder.

Ich fiel jedoch in kein tiefes Loch mehr, an dem Sonntag war ich noch ein bisschen traurig, aber dann sah ich wieder hoffnungsvoll und froh gestimmt nach vorne. Es hatte sogar im Gegenteil zusätzlich etwas Befreiendes, dass mir diesmal die Entscheidung abgenommen wurde und ich nicht dafür verantwortlich war, dass es kein Wiedersehen gab.

Jetzt sagte ich mir selbst schon, der Richtige wird noch kommen.

Jürgen

Und dann schrieb mich

Jürgen, 44, selbstständig,

an. In Anbetracht seines Alters - er war fast acht Jahre jünger als ich - antwortete ich nur kurz und ließ es dabei bewenden.

Einige Tage später war in der Wochenmitte ein Feiertag und ich lag noch im Bett. Und wie freute ich mich, als er mir nochmals eine Nachricht schickte. Obwohl ich ihm nicht geantwortet hatte, schrieb er mir erneut. Seine Worte an diesem einsamen Morgen, wo Paare vielleicht noch gemeinsam im Bett kuschelten und erzählten, kamen wie vom Himmel geschickt und ich antwortete voller Freude. Er schrieb gleich zurück und wir ließen uns Bilder sehen. Er sah auch unverschämt gut aus. Er war ein sehr großer, gut gebauter Mann mit hellbraunen Haaren und braunen Augen. Seine Kleidung war auf allen Fotos sportlich-elegant mit Jeans, schicken Oberhemden, Pullovern, brauner Lederjacke und braunen oder schwarzen Lederschuhen, eines war auch mit hellen Turnschuhen dabei. Er gab definitiv Geld für seine Kleidung aus. Und dann so viel jünger? Egal, ich war neugierig und auf seinen Vorschlag, uns wenigstens mal kurz anzuschauen, ging ich nur zu gerne ein und wir verabredeten uns am nächsten Mittwoch gegen

Mittag. Ich hatte durch Zufall eine Urlaubswoche und er konnte sich als Selbstständiger diese Pause nehmen.

Wir kamen beide ziemlich pünktlich, ich brauchte nur kurz zu warten, da kam er auch schon. Ich erkannte ihn nicht sofort, doch er sprach mich gleich an. Er wirkte reifer und sein Gesicht hatte doch auch schon Falten, Fältchen und Augenringe. Er sah älter aus und zum ersten Mal freute ich mich darüber. Auch wirkte er schlaksiger als auf seinen Fotos, was sich an seinem lässigen Gang und fast nachlässiger Kleidung bemerkbar machte. Seine ganze Art empfand ich als weniger männlich, sein Kreuz war nicht so breit wie die Fotos es versprochen hatten, er schien sogar inzwischen einige Kilos weniger zu haben und er machte auf mich insgesamt eher einen müden Eindruck.

Aber er erzählte dann mit wachen Augen und immer mehr Elan von seinem Sportverein und seinen verheirateten Kumpels, von seinen Eltern und davon, dass ihn jeder irgendwie verkuppeln wolle. Seine letzte Freundin sei auch älter als er gewesen und er habe mit dem Alter keine Probleme, was ich ihm tatsächlich sofort abnahm. Ich konnte unseren Altersunterschied auch nicht so wahrnehmen.

Er war ein großer Basketballfan, spielte selbst noch aktiv und konnte seine Zeit in seiner Selbstständigkeit gut einteilen, da er mit mehreren Geschäftsleuten eine Bürogemeinschaft hatte und sich somit die Gerätschaften wie Kopierer, Telefonanlage und sogar auch Sekretärin teilen konnte. Wir hatten uns beide einen großen Pott Kaffee bestellt und ich fand es eigentlich ganz angenehm.

Gegen Ende des Treffens - wir wussten vorher, dass wir nur knapp zwei Stunden beide Zeit hatten - musste er zweimal für längere Zeit auf die Toilette gehen und die Kellnerin kam schon ungeduldig mehrmals an unserem Tisch vorbei. Wir hätten entweder etwas bestellen oder bezahlen müssen. Als er das zweite Mal dann verschwand und die Kellnerin wieder an unserem Tisch vorbeihuschte, ohne den Blick abzuwenden, sagte ich ihr, dass ich bezahlen möchte. Hätte ich nach seinem ersten Toilettengang geahnt, dass er gleich wieder verschwinden würde, hätte ich vielleicht das Bezahl-Thema angeschnitten.

So aber bezahlte ich also und gab auch Trinkgeld. Bei den letzten Dates hatten immer die Männer die Rechnung übernommen und ich war in den vergangenen Wochen gerade schuldenfrei geworden. Ich hatte mit meinem Ex-Mann gemeinsam nun endlich unser Haus verkaufen können und ich war so befreit, dass ich am liebsten die ganze Welt eingeladen hätte. Nichtsdestotrotz kam ihm wohl die Großzügigkeit der anderen Herren zugute. Auch waren wir uns so sympathisch gewesen, dass ich an einem Wiedersehen nicht zweifelte. Er tat erstaunt, aber ich fand das nach seinen Toilettengängen jetzt nicht so abwegig, schon bezahlt zu haben, denn unsere schon vorher vereinbarte Zeit war ja vorüber. „Ich lade dich ein“, sagte ich ihm daher, als er fragte, was er mir schuldig sei.

Ich sollte mich nicht getäuscht haben, wir sahen uns gleich drei Tage später wieder. Und das möchte ich hier dann aber doch noch erzählen.

Diesmal gingen wir ins „Meilenstein“, weil auch er nicht allzu weit von Spandau wohnte. Er hatte sich diesmal definitiv mehr Mühe mit seiner Kleidung gegeben und wir bestellten uns etwas zu trinken und er für sich noch eine Kleinigkeit zu essen. Er erzählte mir, wie leicht sein Studiengang in der Abendschule mit ein bisschen Gaukelei zu erreichen gewesen wäre und seine Berliner Herkunft konnte er bei seiner Aussprache nicht verbergen. Wir berichteten von unseren Kindern und er betonte mehrmals, dass er eigentlich auch glücklich ohne Frau sei. Ich stimmte ihm zu, dass es natürlich schon stimmen müsse, einen Mann um jeden Preis wollte ich ebenfalls nicht mehr.

Und dann ging es wieder an die Bezahlung. Die Rechnung wurde uns von der Kellnerin mit dem Gesamtbetrag in Höhe von 19,00 € gereicht. In gewisser Hinsicht erwartete ich - aber das ist sowieso schon ein Kardinalfehler, denn man sollte nie etwas erwarten - , dass er nun bezahlen würde, da ich ihn das letzte Mal eingeladen hatte. Aber er ließ mich mein Portemonnaie herausnehmen und beugte sich über den Bon. Als ich fragte, was er denn von mir bekäme, antwortete er: „10

Euro“ und ich legte ihm den Schein hin, obwohl er eigentlich gegessen und getrunken hatte, ich hatte ja nur ein Drink genossen, aber nun gut, ich würde die Hälfte seines Essens mit übernehmen und mich nicht so kleinlich haben. Doch was dann geschah, war weit ab von all meinen Vorstellungen. Er ließ sich den einen Euro von der Kellnerin, die mir in keinster Weise irgendwie unhöflich oder unaufmerksam aufgefallen war, wiedergeben – und steckte ihn in sein Portemonnaie ein! Das war Fremdschämen pur und ich fand das extrem unsympathisch, sprach es aber nicht an, denn ich kannte weder seine finanzielle Situation, noch maße ich mir an zu urteilen, wie andere Leute mit ihrem Geld umgehen sollen. Nur für mich ist dann dieser Mann ganz gewiss nicht als zukünftiger Partner passend. Das wusste ich ab genau diesem Moment.

Als wir das Lokal verließen, regnete es in Strömen wie selten nur. Ich nahm daher sein Angebot, mich heimzufahren, auch dankend an. Als er vor meinem Wohnhaus das Auto anhielt, wollte er tatsächlich noch anfangen zu küssen. Doch ich wollte nur aus dem Auto heraus. Denn, so dachte ich, so alt bin ich jetzt auch noch nicht, dass ich für das Küssen schon bezahlen muss. Auf den Weg in meine Wohnung summte ich im Fahrstuhl aus einem meiner Lieblingsfilme, die Reifeprüfung, das Lied „Mrs. Robinson“, was mir spontan eingefallen war. Die gelangweilte Ehefrau Mrs. Robinson hatte ein Verhältnis mit dem Sohn eines befreundeten Ehepaares angefangen. Die genialen Lieder des Films von Simon & Garfunkel gehören noch immer zu meinen absoluten Lieblingssongs.

Na gut, so viel jünger war er nun auch nicht! Und vielleicht hatte er ja auch nur die Gegenleistung seiner Benzinausgabe eingefordert. Es wird sein Geheimnis bleiben. Nach dieser kurzen Episode konnte ich auch relativ schnell nach wenigen Tagen das Erlebte für mich als weitere Single-Erfahrung verbuchen und mein Leben unbeirrt weiterleben.

Er schrieb mich tatsächlich Monate später noch einmal an, doch mehr als eine nette unverbindliche Antwort konnte ich ihm nicht zukommen lassen, seine Nummer hatte ich schon längst gelöscht.

Roman

Und dann schrieb mich,

Roman, 53, selbstständig,

an und schien DER Jackpot zu sein, der Richtige, der Traummann! Auf seinen Bildern war er im Sommerurlaub mit T-Shirt am runden Basttischchen, auf dem sein Getränk mit Strohhalm vor ihm stand, zu sehen und seine fast schwarz-braunen Augen konnte ich gut erkennen. Er hatte braune Haare und einen gut gebauten Oberkörper. Ich mag es, wenn es dem Alter entsprechend kompakt ist und trotzdem attraktiv wirkt. Er strahlte Fröhlichkeit aus und gefiel mir auf Anhieb. Er war mein Alter, aber wirkte einige Jahre jünger. Er schickte mir auch Bilder und Videos aus seinem Skiurlaub, wobei er dort auch das Geschäftliche erledigte, wie er mir schrieb. Er war Produktmanager und testete und kaufte selbstständig für eine sehr bekannte Firma die Sportartikel ein. Die meisten Artikel betrafen den Skisport. In seinem Alltag trieb er berufsbedingt viel Sport, das heißt er war oft in Skigebieten unterwegs, um Produkte zu testen und hatte daher wohl auch diese durchtrainierte Figur. Eigentlich sah er aus wie ein Filmschauspieler, der die Hauptrolle spielt und hinter dem die Frauen her sind. Ich fand ihn umwerfend! Das Leben rief mir zu und ich jubelte!

„Nun triff dich erst einmal mit ihm“, versuchten mich meine Mutter und meine Kinder wieder auf den Boden der Tatsachen zu holen, aber dieser Mann sprengte all das vorher Erlebte.

Wir schrieben uns über Whatsapp und schickten uns weitere aktuelle Fotos. Auch telefonierten wir, aber jeweils nur verhältnismäßig kurz. Gerade so, dass ich einen Eindruck von der Stimme und der Aussprache hatte. In einem Telefonat sprach er von den vielen Reisen, die er auch berufsbedingt unternehmen musste und davon, wo er gerne Urlaub machte. Ich sagte vorsichtig zu ihm: „Das könnte ich mir bestimmt gar nicht so erlauben.“. Ich hatte inzwischen zwar mehr Geld als die Jahre zuvor zur Verfügung, weil ich keine Hausschulden und Abzahlungen mehr leisten musste, aber bei dem, was er beschrieb, würde ich bestimmt nicht mithalten können. Und dann sagte er den Satz, den ich schon einmal von Tristan gehört hatte: „Annette, Geld spielt keine Rolle. Wenn es passt, dann passt es“. Aus Scherz schrieb er noch: „Dann lerne ich dich kennen, meine Ehefrau“ und ich genoss es!

Das 20. Date mit Roman war filmreif.

Die zwei Jahre Warten hatten sich gelohnt. Es war tatsächlich wie ein wunderschöner Traum. Auch genauso unkompliziert und kitschig. Dieser Mann hatte alles, wovon ich träumte.

Als er mitbekam, dass ich mit dem Bus fahren wollte, bot er mir an, mich abzuholen. Ich kannte inzwischen seinen vollständigen Namen und konnte seine Website googlen. Aus Sicherheitsgründen teilte ich den Namen auch meiner Tochter mit, sie wusste stets, wo und mit wem ich mich gerade traf. Ich hatte ziemliches Vertrauen zwischenzeitlich zu ihm aufgebaut, denn um ein Haar hätten wir das Erst-Date bei ihm mit seinen noch jüngeren Kindern verbracht. Er hatte mir nämlich vorgeschlagen, dass ich nach meiner Arbeit einfach zu ihm kommen könnte, obwohl seine Kinder gerade bei ihm waren. Und das noch vor dem Samstag, an welchem wir uns das erste Mal begegnen wollten.

Er wohnte zwar am komplett anderen Ende von Berlin als ich, aber das war mir bei diesem Mann völlig egal. Von meiner Arbeit aus wäre der Weg auch nur halb so lang gewesen.

Ich war aufgeregt wie nie und brauchte noch länger, um mich ausgehfertig zu modulieren. Finger-, Fußnägel, Haut, Haare, Wimpern, alles wurde liebevoll von mir hergerichtet und zwischendurch drehte ich bei stimmungsvollen Liedern mein Küchenradio lauter und sang aus vollem Halse mit, während ich vergnügt durch die Wohnung hopste. Bei der Textstelle von Maite Kelly's Lied „Sieben Leben für dich" fühlte ich mich in diesen Minuten besonders angesprochen, ein Lied für mich gerade gesungen, dachte ich voller Übermut:

„Ich tanz mit dem Spiel,
hab mit dem Zufall ‚nen Deal,
rien ne va plus,
ja ich forder das Glück,
ich hoff und riskier,
ich will den Jackpot mit dir,
gewinn und verlier,
doch der Sieg gehört heut mir!“

Solch eine Vorfreude hatte ich noch nie empfunden.

Als ich zur verabredeten Zeit aufgeregt die Hauseingangstür unten aufriss, stand er bereits davor. Mein Herz jubelte. Wow, er sah genauso aus wie auf den Bildern. Groß und stattlich stand er vor mir.

„Und,“ fragte er, „bin ich so wie du es dir vorgestellt hast, ist alles gut?“ und ich konnte nur nicken und ebenfalls fragen „Und bei mir auch?“ – „Genauso“, meinte er und unsere Augen sprachen den Rest. Wir fanden beide bestätigt, was unsere zur Ansicht gesandten Bilder versprochen hatten. „Dann lass uns gehen“, meinte er und führte mich zu seinem Auto, hielt mir die Tür auf und ich stieg ein.

Ein bisschen war ich wie unter Drogen. So muss es wohl sein, wenn man Drogen genommen hat, ich kenne ja diesen Zustand nicht, jedenfalls war ich in keinem normalen Zustand mehr. Nach unseren Nachrichten und Telefonaten nun eine Bestätigung von allem zu erhalten, raubte mir fast die Luft zum Atmen.

Er fuhr ruhig und ich erzählte dabei, ich dürfe das niemals meiner Tochter erzählen, niemals. Schließlich gebe es genug Frauen, die später zerstückelt im Wald aufgefunden werden. Er lachte und ich konnte seine schönen Zähne sehen. Der Mensch ist doch - ich hatte gerade meinen ureigensten Beweis mit mir selbst - nur ein Mensch und in schwachen Momenten riskiert er einfach, egal wie alt er ist. Vertrauen einfach geschenkt. Wie ein kleines Kind naiv, einfach hungrig nach dem Leben und dieser Mann wurde mir gerade vom Himmel geschickt, denn er war unermesslich anziehend.

Wir parkten in der Altstadt Spandau und gingen uns ein Café aussuchen. Wir entschieden uns für ein italienisches Café, denn wir versprachen uns davon ein leckeres Eis oder Kuchen zum Kaffee.

Er erzählte mir von seiner Firma, von seinen noch sehr viel jüngeren Kindern, zwei Mädchen, 12 und 7 Jahre jung, und zeigte auch Fotos. Die beiden sahen allerliebst aus und schauten mit großen dunklen Augen in die Kamera. Er zeigte mir auch Bilder von seinen Eltern, sein Vater, ein Diplomat, der nun mit seiner Mutter zurückgezogen in den Bergen wohnte. Es sah idyllisch aus, und die beiden älteren Herrschaften hielten sich bei den Händen, während sie glücklich in die Kamera lachten.

Alles an ihm war verbindlich.

Wegen der Bilderschau auf dem Handy waren wir inzwischen sehr zusammengerückt und es fühlte sich gut an. Er hatte einen so angenehmen Duft und nichts trübte unser Kennenlernen. Und plötzlich, während der Unterhaltung, küsste er mich einfach auf den Mund. Seine Lippen waren weich und zart und ich, ich wurde rot, sagte er zumindest und ich spürte eine Hitze aufsteigen. Er amüsierte sich.

Dann zog er sein Portemonnaie heraus, nachdem er gefragt hatte, ob ich noch etwas essen oder trinken mag. Aber ich fühlte mich wie zugeschnürt und hätte keinen Bissen herunter bekommen. Er zahlte alles und gab auch großzügiges Trinkgeld. Unser Beisammensein fühlte sich so richtig an, dass ich nicht darüber nachdachte, ob wir uns wiedersehen werden. Er fuhr mich heim. Alles war wie selbstverständlich, wir sprachen auch in manchen Momenten gar nicht, sondern lächelten beide nur.

Ich fühlte mich überglücklich und noch am gleichen Abend versicherten wir uns gegenseitig, dass wir uns gefunden hätten. „Nie mehr zu suchen, bei dir fühle ich mich wohl“, sagte er zu mir und ich empfand das Gleiche.

Ja, mit ihm würde ich zusammen bleiben, ich habe ihn gefunden!

Die Online-Suche funktioniert also!

Man selbst ist der Regisseur in seinem Leben und kann über die Begegnungen mitentscheiden. Der Oberregisseur, das Schicksal, hat aber trotzdem die Trümpfe in der Hand. Man kann nur für sich selbst entscheiden, für sein Leben, aber die Entscheidungen müssen dann gelebt werden. Letztendlich entscheidet die Bereitschaft, sich auf das Angebotene dementsprechend einzulassen.

Als Roman mich einige Tage später auf dem Weg zu ihm am Telefon neckte, „und, würdest du mich auch heiraten?“ antwortete ich im Übermut „Ich hab über eine erneute Heirat noch nie nachgedacht“ und tat scheinbar sehr gewichtig, machte eine Kunstpause und dann rief ich ihm ins Telefon auf offener Straße aus vollem Herzen zu „aber klar, Roman, dich würde ich sogar auch heiraten!“ Wir waren wie ausgelassene Kinder und ich freute mich riesig auf ihn und ich stieg freudig in den Bus.

Am anderen Morgen bei ihm fragte er mich, als ich aus seinem großen warmen, weichen Bett aufstehen wollte: „Na, und willst du mich nach dieser Nacht noch immer heiraten?“ und er sah mir in die Augen. Mein Gesicht war über ihn gebeugt und ich wusste in diesem Moment, dass seine Frage tatsächlich ernst gemeint und ich eine ehrliche Antwort geben sollte. „Roman, ich arbeite im Anwalts- und Notariatsbüro. Ich bekomme ständig mit, wie die Ehen enden, warum sollte ich gleich heiraten wollen? Wir kennen uns doch kaum, warum gleich heiraten?“ Er war wohl geschockt, denn er antwortete nichts mehr.

Ich saß anschließend an diesem Morgen ganz allein in seiner Küche und trank meinen Kaffee aus, nur wenige Minuten hatte ich überhaupt Zeit, weil ich pünktlich im Büro erscheinen musste. Er war nach unserem Gespräch im Bett geblieben. Er hatte mir nur kurz seine Kaffeemaschine erklärt und ist dann kurzerhand wieder ins Bett gegangen, verletzt und eingeschnappt wie ein kleines Kind. Mir war auf einmal bewusst, dass es sich um keine Scherzfrage mehr handelte. Ich sah die Bilder in der Wohnung von seinen Kindern, von Mutter Maria und einem Kreuz. Ich sah die verstaubten Möbel, wo hier und da ein Stück fehlte, was sich offenbar bei der Trennung ergeben hatte und ich wusste nach dieser Nacht, dass diese Frage ernst gemeint war. Ich hatte nicht im Entferntesten daran gedacht, dass auch nur ein Funken Wahrheit an dieser Frage haften würde. Ich verstehe ihn im Nachhinein, er ist religiös aufgewachsen und seine Kinder können eine heile Familie noch gut gebrauchen. Er suchte tatsächlich eine Ehefrau. Für mich stand das zu dieser Zeit überhaupt nicht zur Debatte und war fernab von jeder Vorstellung. Ich war endlich beruflich wieder angekommen und jetzt verstand ich auch, warum unsere erste Begegnung mit den Kindern gemeinsam erfolgen sollte. Mich überkam – so würde ich das jetzt im Nachhinein sehen – die Panik. Ich sah mich in dieser riesengroßen Wohnung leben und putzen und warten, bis Roman von seinen Skireisen heimkehrte, ich sah mich für ihn kochen und die Kinder mit großziehen und das, wo ich gerade erst das allererste Mal in meinem Leben in mich selbst hineinhorchen konnte, ob ich Hunger verspürte oder nicht und essen konnte, wann ich will, ohne auf irgendjemand zu warten oder Rücksicht zu nehmen. Zu zweit konnte ich mir das einigermaßen vorstellen, aber gleich wieder mit mir noch fremden Kindern? Warum hatte er nicht konkret gesagt, was ihm vorschwebte, aber letztendlich hatte er das, ich hatte es nur nicht ernst genommen.

Ich sah nur sein Verhalten, dass er mich allein in der Küche sitzen ließ und beleidigt war und verstand nicht, wie verletzt er sich gerade fühlte. Aber ich fühlte mich in diesen Minuten völlig verlassen und falsch in dieser fremden Küche, wo sich das dreckige Geschirr stapelte, aber letztendlich alles seinen Platz zu haben schien. Ich registrierte die Banane und das Marmeladenglas und die beiden Kindertassen und den traurigen Eindruck, den ich nicht von mir abhalten konnte. Er setzte sich auf mich und war mir zu schwer geworden.

Ich erhob mich und rief ihm ein „Adieu“ zu.

Er rief mich drei Mal im Büro am Vormittag dann an und fragte, ich hätte jetzt wohl alles beendet und ich versuchte ihm darzulegen, dass es für mich verletzend war, weil er es nicht für nötig befunden hatte, mit mir weiter zu sprechen und mit aufzustehen. Er sei wohl derjenige gewesen, der die Sache beendet hätte. Ich warf ihm vor, dass er es wohl nicht nötig gehabt hätte, weil er sich für etwas Besseres halte. Dass dies wahrscheinlich nur meine eigene Minderwertigkeit war, die ich damals empfand, war mir nicht bewusst. Er schrieb mir daraufhin noch „Schade, dass du mich so siehst“ und ich stand am Abend im Dunkeln am Bahnhof auf dem Weg nach Hause, müde von der Arbeit und überlegte, was ich ihm antworten sollte. Doch jedes Mal, wenn ich meine Gedanken weiter schweifen ließ, konnte ich die Vorstellung, zu heiraten und ein Eheleben zu leben, einfach nicht ertragen. Dazu kannten wir uns ja noch viel zu kurz. Ich hätte nicht gewusst, worauf ich mich einließ, warum gleich heiraten? Aber er war gläubig, seine Ex-Frau war auch streng katholisch und seine Eltern waren orthodox. Ich war zu diesem Zeitpunkt zu keiner Diskussion fähig und so antwortete ich ihm gar nicht mehr.

Heute denke ich auch, man hätte doch darüber reden können. Vielleicht hätte er all das gar nicht von mir erwartet, das Putzen und Kochen und Kinderhüten. Es war nur in meinem Kopf. Vielleicht hätten wir ganz andere Lösungen finden können. Aber gleich unter dem

Deckmantel der Ehe? Für mich war dieser Gedanke zu diesem Zeitpunkt undenkbar und letztendlich hatte ich panikartig die Flucht ergriffen.

Auch heute noch denke ich, ich würde nur heiraten, wenn die Partnerschaft zusammenwächst und alles noch stimmt. Aber vielleicht hätte sich Reden gelohnt. Aber so ist es eben, die Zeitpunkte müssen stimmen und das empfinde ich wieder als Schicksal, wenn sie eben nicht stimmen. Die Menschen sind so verschieden, da muss es passen und die Menschen entwickeln sich unterschiedlich und jeder braucht seine Zeit und jeder ist nicht zur gleichen Zeit im gleichen Modus. Ja, wir hatten uns gefunden, das Problem war nur, dass wir beide etwas anderes gesucht hatten!

Manche suchen eine Affäre, manche eine Beziehung und mache suchen tatsächlich Jemanden zum Heiraten. Auch diese Problematik war mir vorher nicht so bewusst. In der Lebensmitte hat jeder seine genauen Vorstellungen und wir stecken alle so in unserem Alltag, dass wir gar nicht alle Möglichkeiten, die sich bieten würden, unterbringen könnten. Das Leben aber selbst zu leben ist die große Herausforderung. Dies ist mir nach der Begegnung mit Roman mehr als bewusst geworden. Träume zu haben, ist eine Sache. Die Träume dann umzusetzen und auch auszuhalten, steht wieder auf einem anderen Blatt. Ich hab mit ihm Wunderschönes erlebt und konnte mich auf Neues einlassen, aber nur bis zu einer gewissen Grenze. Mein relativ neu gestaltetes Leben nochmals komplett neu zu gestalten auf völlig ungewisser Ebene, hatte ich nicht geschafft, auch war ich nicht mal zu einem Gespräch darüber fähig gewesen, ich bin vorher abgesprungen, wieder in mein bisher gelebtes Leben.

Von einem Date am Morgen aus dem anderen Ende von Berlin mit der Bahn aus entgegengesetzter Richtung im Büro zu erscheinen, war jedoch trotz allem ein Aufwacherlebnis für mich, meinen Alltag öfter wieder so neu spüren zu wollen.

Noch immer kann ich sein Profilbild bei mir erkennen, inzwischen sind zwei weitere Jahre vergangen.

Aber das Leben kann nur in der Gegenwart gelebt werden.

Ich hatte daraufhin weiter meine Profilseite modifiziert, wahrscheinlich spiegelte ich damit genau das wider, was mich erneut inzwischen ausmachte. Ich bin nicht mehr die, die vor drei Jahren mit der Partnersuche angefangen hatte, neue Bilder und ein neuer Text, sonst hätte ich es nicht mehr als richtig empfunden. Umso unverständlicher sind für mich die Profilseiten der Männer, die ich von Anfang an kenne und deren Bilder und Worte noch immer genau dieselben sind. Entwickeln sie sich gar nicht weiter? Vielleicht haben sie das ja nicht so nötig wie ich. Ich stellte jedenfalls fest, dass mich nun auch andere Männer anschrieben und das war wiederum eine neue Erfahrung für mich.

Der Zeitraum von drei Jahren, über den ich in diesem Buch berichten wollte, ist nun abgeschlossen.

Bei der Partnersuche war nicht geplant, hierüber ein Buch zu schreiben. Meinen Psychothriller hatte ich jedoch inzwischen auf Eis gelegt, als ich merkte, was die Suche mit mir machte. Das Thema fand ich interessant. Es ist immer faszinierend, wie sich der Mensch weiterentwickelt und verändern kann und wie sich Menschen doch gegenseitig beeinflussen können. Nichts ist Zufall, alles geschieht letztendlich so, wie wir es in unseren Köpfen zulassen. Ich hab wieder zu mir selbst gefunden und es fühlt sich an, als durfte ich mein Leben neu starten, ohne von Vorne beginnen zu müssen, sondern mit einem Glücksgefühl der Akzeptanz, dass alles seinen Sinn hatte und auch immer haben wird. Ich vertraue wieder und beginne den Tag mit einem Lächeln.

Vieles ist eben auch Schicksal, denn unsere Gefühle pfeifen auf unseren Verstand und irgendetwas wird sich die Natur dabei gedacht haben und dieser Umstand macht das Leben so wertvoll und liebenswert. Glücksgefühle bedürfen eben keiner Erklärung, sie sind einfach da.

Ich lernte noch zwei sehr liebe und bewundernswerte Männer kennen.

Der eine war ein ehemaliger Manager, der nach einem Burn-Out sein Leben komplett umgestaltet hatte. Er behauptete bereits vor unserem Treffen, nur aufgrund unserer Nachrichten und meiner Bilder, dass er sich schon in mich verliebt hätte und ich genau die Richtige für ihn wäre. Auch er gefiel mir sehr, doch ich wollte unser Treffen abwarten und hielt mich bei den Nachrichten eher bedeckt. Diesmal war ich die Erfahrene und er noch ganz neu auf dem Portal. Wir hatten in der Tat ein wunderschönes Date und ließen uns ein leckeres Essen schmecken, zu welchem er mich einlud. Unsere Gesprächsthemen waren so interessant und wir hätten noch länger weiter erzählen können. Ich fand sein Leben sehr bewundernswert, denn er erzählte von seiner schweren Kindheit und seiner Krankheit als Manager und wie er seinen Alltag noch einmal völlig neu gestaltete, um gesund und glücklich zu sein. Doch als er mich beim Abschied küsste, war mir klar, dass ich mich in ihn nicht verlieben konnte. Es tat mir sehr leid, auch, weil er mich eingeladen hatte, aber ich musste ihm ehrlich schreiben, wie es um meine Gefühle stand. Wir wollten Freunde bleiben.

Vor diesem Hintergrund machte es mich dann auch sehr nachdenklich, als ich vor kurzem im Fernsehen einen Bericht hörte. Das Phänomen, Frauen würden sich mit Absicht beim Erst-Date zum Essen einladen lassen, obwohl sie bereits wüssten, dass sie nichts weiter als ein gutes Essen wollten, wurde dort geschildert. Ich hoffe jedenfalls, dass „meine“ Männer – wenn es denn zu einer Einladung kam – solche Gedanken im Nachhinein niemals von mir hatten, sie waren für mich jeweils ein ehrlicher Hoffnungsträger auf eine gemeinsame Zukunft.

Der nächste herausragende Mann war ein sehr erfolgreicher Unternehmer. Seine weltweiten Erfolge konnte ich im Internet nachlesen und kaum glauben, dass er sich für mich interessierte. Es gab keinen Mann, der mir so viele wunderschöne und tiefgreifende Gedichte von Goethe und Hafis, einer der bekanntesten persischen Dichter, zukommen ließ. Je nach Tageszeit oder Stimmung, suchte er für mich die passenden Gedanken aus und gab mir Kraft in meinem Alltag. Es war so wohltuend! Seine liebevollen und aufmunternden Worte versüßten mir meinen Alltag auf angenehmste Weise. Wir hatten nicht sofort unsere Bilder frei geschaltet, schrieben uns lange und wohltuende Nachrichten und das machte den Kontakt schon von Anfang an zu einem ganz Besonderen.

Mit ihm lebte ich tatsächlich einen kurzen Traum, wir gingen wunderbar essen und besuchten den Botanischen Garten. Mit ihm hatte ich endlich eine starke Schulter zum Anlehnen und einen Menschen an meiner Seite, der zu halten schien, was er versprach. Es war so kalt im Botanischen Garten und er bot mir gleich am Anfang völlig vertraut seine Manteltasche für meine Hand zum Wärmen beim Laufen an. Er war ein Mann der Tat, sehr groß und stattlich und mir kam es vor, als wenn er Probleme nur als Herausforderungen sah, eine so positive und warmherzige Ausstrahlung hatte er.

Am Valentinstag jedoch, wir kannten uns zwei Wochen erst persönlich, stand er unangemeldet am Abend vor meiner Tür und brachte mir das Parfum „La vie est belle“ und ein passendes Kosmetiktäschchen dazu. Leider konnte das so großzügige und schöne Geschenk sein plötzliches Auftauchen vor der Wohnungstür nicht wieder gutmachen. Ich fühlte mich überrumpelt und fand mein Vertrauen, dass ich ihn hatte wissen lassen, wo ich wohne, ausgenutzt. Es kam dazu, dass meine Wohnung noch nicht in dem Zustand war, wie ich es selbst wollte und erschwerend kam dazu, dass mein jüngster Sohn für einige Wochen dort bei mir wohnte, bevor er für ein halbes Jahr in das Ausland ging. Somit war das Wohnzimmer gerade zweckentfremdet und für mich war er noch nicht so vertraut, dass ich von seiner Seite alles so annehmen konnte, wie er schon bereit war zu geben. So weit war ich noch nicht.

Er war eine sehr große, stattliche Erscheinung mit einem Vollbart, doch fast ein bisschen zu groß für mich, aber er hätte der Richtige sein können, wenn es denn das Schicksal gewollt hätte. Schwungvoll nahm er mich ungefragt in die Arme und küsste mich auf den Mund, dass mir fast die Brille von der Nase fiel. Er war so voller Übermut und Freude.

Aber Amor schickte seinen Pfeil zu mir nicht los und wenn, dann hatte er mich jedenfalls verfehlt. Und als wir im Kino nebeneinandersaßen, war mir plötzlich bewusst, mehr Zeit konnte ich uns nicht geben, um zu hoffen, dass mein Herz doch getroffen werden könnte. Es tat mir so leid.

Diesmal fast mehr für ihn als für mich. Er war verliebt, seit Jahren mal wieder nach langer unglücklicher Ehe, und ich kannte diesen Zustand. Ich fühlte mich schuldig, obwohl ich nichts dafür konnte. Niemand kann seine Gefühle umstellen auf „verliebt" oder „berührt mich nicht mehr". Ich hätte mich hier so gerne verliebt, alles wäre perfekt gewesen. Er war auch ein Vater, der sich um seine großen Kinder kümmerte, ein insgesamt bewundernswerter und liebevoller, sehr intelligenter und besonderer Mensch. Wir waren die nächsten Wochen noch freundschaftlich verbunden und sehen uns gegenseitig noch immer bei Whatsapp und sind uns hoffentlich in guter Erinnerung.

Er jedenfalls bei mir.

So hatte ich noch weitere Dates und merkte aber sehr schnell, dass ich nicht mehr so aufnahmebereit war. Die Problematiken fingen sich an zu wiederholen.

Doch dann schrieb mich ein zehn Jahre jüngerer Mann an. Nach Fotofreigabe wollte ich den Kontakt sofort abbrechen, denn er sah wirklich noch jung auf den beiden Bildern aus. Er war dunkelhaarig, volles kurzes, fast krauses Haar und mit schwarz-braunen Augen blickte er beinahe unschuldig wie ein Kind in die Kamera. Er hatte die Figur, die mir gefiel, es war an ihm etwas dran, trotzdem alles perfekt und wohlproportioniert.

Ich schrieb ihm sofort zurück: „Schade, dass ich so viel älter bin". Er antwortete, dass ich doch nicht gleich den Kopf in den Sand stecken solle.

Ich erwiderte mit einem zwinkernden Smiley: „Manche Männer sind zwar jünger, sehen aber viel älter aus… aber du könntest auch sehr viel jüngere Frauen haben. Hab ja auch nicht gleich den Kopf in den Sand gesteckt, sondern erst nach der Fotofreigabe."

Doch dann erwiderte er, "Danke für die nette Darstellung. Aber das Alter ist nicht gerade das Ausschlaggebende." und zwei Minuten später setzte er gleich noch nach: „Das Füreinander und Miteinander ist wichtiger" und dies mit einem lachenden glücklichem Smiley.

Und so nahm das Schicksal seinen Lauf.

Nach der Begegnung mit dem seriösen Geschäftsmann war dieser Mann, weil eben auch so viel jünger, erst pure Abenteuer- und Lebenslust. Er zog mich einfach an und ich dachte nicht weiter nach, ich lebte einfach. Er machte mir von Anfang an klar, dass er nur Zeit für eine „unverbindliche Beziehung“ hätte. Ich hatte dann tatsächlich noch zwei weitere Dates mit anderen Männern in der großen Hoffnung, etwas Verbindliches zu finden. Aber dann ließ ich es, denn ich merkte, wie ich mich immer mehr nach ihm sehnte und so gab ich das Suchen ganz auf. Ich war verliebt!

Der Verstand kapitulierte.

Er war nach einem abgebrochenen Studium in der Kfz-Branche als Angestellter tätig mit einer 6-Tage-Woche.

Nie hätte ich mich früher auf ihn eingelassen. Aber mein Lebensmut hatte mich inzwischen um wunderbare Erfahrungen reicher und somit mutiger gemacht. Was hatte ich zu verlieren?

Unsere Drei-Dates-Grenze hatten wir zwar mit Bravour überstanden, doch meine Kinder sollten ihn trotzdem niemals persönlich kennenlernen. Jede Entwicklung braucht eben seine Zeit. Wenn wir uns sahen, genossen wir unsere Zweisamkeit. Aber er beharrte auf eine unverbindliche Beziehung.

Ich sah die Welt aber inzwischen in rosarot und genoss eben die Zeit, die wir zusammen verbringen konnten.

Mir gefiel insofern alles an ihm, locker konnte er inzwischen mit Roman konkurrieren - der Blick der Liebe verklärt eben alles - obwohl ich ihn vom Verstand her so wahrscheinlich nicht ausgesucht hätte, er rauchte auch noch und wollte mir nicht einmal eine normale Beziehung versprechen. Wir konnten jedoch sehr gut reden und ich empfand es auf Augenhöhe. Er sagte kluge Dinge, wie zum Beispiel: „Am Ende wird alles gleich sein, was gut ist", und erzählte mir von seinen Träumen und ich ihm von meinen. Wir konnten uns so unverfälscht unterhalten, weil niemand dem anderen etwas vorzugaukeln brauchte, denn es wurde ja nichts erzählt, um dem anderen zu imponieren oder ihn zu manipulieren, es gab ja keine Zukunft für uns. Und so waren es ehrliche Gespräche über unsere Gefühle und über unsere Kind- und Vergangenheit. Er inspirierte mich, mich bewusster mit meiner Gesundheit, Ernährung und meiner Arbeit auseinanderzusetzen, denn ich war älter und wollte jünger sein, wollte zu ihm passen.

Ich wusste nie, ob ich ihn je wiedersehe. Wenn er ging, war unser unverbindliches Verhältnis immer in meinem Kopf. Jeder Abschied war von meiner Seite aus mit einer gewissen Dramatik verbunden, ich dachte jedes Mal, diesmal für immer. Mit dieser Intensität erlebte ich aber auch jede Stunde mit ihm, als gebe es kein Morgen.

Die erste Zeit versuchte ich noch zu verstehen, was hier geschah. „Annette, du musst nicht alles verstehen, ich habe das aufgegeben“, sagte er mir wie so vieles, was ich bei ihm gut nachvollziehen und worüber ich nachdenken konnte. Auf seiner Profilseite hatte er zu stehen „Die Welt kommt nie zur Ruhe“, da, wo andere Männer zu stehen hatten, wie toll der Kinobesuch gestern Abend oder der Ausflug ins Umland war. Ich vergaß mit der Zeit den Altersunterschied. Wir beide, wir verstanden uns und waren, wenn wir zusammen waren, uns so nah wie nur zwei Menschen sein können. Die Zeit stand still für mich, es gab nur ihn und mich und die restliche Welt schien weit entfernt, wenn wir zusammen waren.

War er wieder fort, war ich in meinem Alltag erneut allein und eben ein Single.

Er war zwar auch frei, hatte also keine andere Frau, nur sehr wenig Zeit wegen seiner Arbeit und einem jüngeren Kind. Er hatte es eben nicht eilig. Viele hatten es eilig mit mir und wollten gleich mein Leben ändern. Er nicht. Im Gegenteil, er hatte wohl selbst Angst, dass eine Frau sein Leben ändern würde. Es hatte gepasst! Wir gaben uns beide gegenseitig die Zeit, die wir brauchten. Eigentlich genial. Ich hab mal festgestellt, dass man Optimales nicht verändert. Was sprach also dagegen, dass er nicht verbindlich sein wollte?

Die Zeit sollte entscheiden. Ich hatte aufgehört, dem Leben vorgreifen zu wollen, wollte einfach den Tag genießen und den nächsten Tag abwarten, was er brächte, eigentlich ganz einfach.

Es kehrte auch tatsächlich Ruhe und Beständigkeit in meinen Alltag ein. Die ständigen Auf und Abs neuer Kontakte musste ich nicht mehr verarbeiten. Dafür hatte ich jedoch mal mehr oder mal weniger mit seiner Unverbindlichkeit klarzukommen. In guten Wochen besuchte er mich zweimal oder dreimal die Woche, in schlechten Zeiten hörte ich zwei Wochen von ihm kein Wort und fing dann gerade an, mich damit abzufinden, dass es jetzt wohl vorbei wäre. Und die anschließende Wiedersehensfreude war dementsprechend unbeschreiblich groß.

Ich hab sogar wieder meinen Job gewechselt, seit längerem war ich mit meiner Arbeitsstelle nicht mehr glücklich, weil ich kaum noch Energien für mein eigenes Leben hatte und allen Elan in das Büro und den Fahrtzeiten dorthin steckte und ER tat mir gut in jeder Hinsicht. Und wenn ich ihm sagte, ich suche doch etwas anderes, möchte etwas Verbindlicheres, ich möchte nicht nur eine Affäre, dann sagte er: „Du bist keine Affäre, du bist die einzige Frau. Für mehr als Unverbindliches habe ich keine Kraft, zu wenig Zeit.“. In dieser Situation war ich ja selbst vor Jahren, daher konnte ich das so gut nachvollziehen. Ich konnte auch nie einen Urlaub planen. Ich verstand ihn, aber wie lange sollte ich das aushalten? Aber wollte ich nicht auch immer viel Freiraum für mich? Musste ich alles verstehen?

Wir wohnten sogar im gleichen Bezirk, waren im gleichen Ortsteil groß geworden. Ich fühlte mich in seiner Wohnung mehr als wohl und er fühlte sich in meiner Wohnung genauso wohl. Das ist schon so viel! Das ist das Leben, muss man alles verstehen? Und in den Urlaub fuhr ich mit den Kindern und meiner kleinen Enkeltochter, die inzwischen auf die Welt gekommen war, auf einen Bauernhof und im Sommer flog ich nur mit Frauen nach Sardinien, um etwas Neues über gesunde Ernährung zu erfahren. Ich ließ mich also nicht aufhalten. Das war am Anfang seine Angst gewesen, daher hatte er den Kontakt am Anfang noch beendet, doch er kam zurück. Nein, er hielt mich nicht auf.

Mir war aber klar, dass ich oder auch er eines Tages weiterziehen wollte und sich dann die Frage stellte, ob gemeinsam oder allein. Denn auf Dauer wollte ich noch immer einen Partner, der zu mir stand.

Wir hatten aber die Gelegenheit abzuwarten. Ich hatte vorher noch keine Erfahrung mit dem Unverbindlichen, aber das macht das Unverbindliche wohl aus, dass es sich so gar nicht planen lässt.

Menschen können einem sowieso nicht gehören, im Grunde muss jeder mit sich selbst klarkommen, die romantische Liebe ist nicht gleich die realistische Liebe, wer tatsächlich die romantische Liebe mit der realistische Liebe verbinden möchte, steht oft vor unüberwindbaren Hindernissen.

Fakt war, dass ich eine Zeit lang wieder sehr glücklich war und überraschender Weise in völlig anderer Form als ich die ganze Zeit gesucht hatte.

Und als der Schmerz, den ich zwischen unseren Treffen spürte, immer größer wurde, beendete ich diese Beziehung nach einem Dreivierteljahr. Ich hielt es einfach nicht mehr aus. Die Gefühle entschieden auch diesen Abschied. Es tat zu sehr weh, dass er mich nicht in sein Leben lassen wollte. Auch wollte er nicht in meines. Meine Kinder und Freundinnen kannten ihn inzwischen von meinen Erzählungen, aber nach einigen Monaten spürte ich, dass sie sein Verhalten nicht mehr billigten und selbst auch verletzt schienen. Warum wollte er sie nicht kennenlernen? Vor allem sahen sie, wie ich immer mehr unter dieser Situation litt, obwohl ich mir das länger nicht eingestehen wollte, dazu waren unsere Treffen zu schön.

Hinzu kam, dass er zwischenzeitlich tatsächlich unseren Altersunterschied ansprach und damit anfing, die Unverbindlichkeit zu begründen. Zu einem Zeitpunkt, an dem ich gefühlsmäßig noch gar nicht von ihm ablassen konnte. Ich fing an, mich wieder – eigentlich wie in meinen letzten schlechten Ehejahren – alt und nicht gut genug zu fühlen. Je mehr Zeit verging, umso trauriger wurde ich, dass ich an dem Zustand unseres Altersunterschiedes nichts ändern konnte und ich wachte jeden Tag mit der Angst im Kopf auf, eventuell wieder eine Falte mehr in meinem Gesicht zu entdecken. Ich fing an, mich verrückt zu machen. So ist das eben, bei dem falschen Menschen kann man nichts richtig machen; er hätte sich alles bei mir erlauben können.

Die Treffen fanden dann auch nur noch bei mir statt. In all den vielen Monaten hat er mich nicht ein einziges Mal auch nur zum Kaffee eingeladen. Dafür hatte er mich jedoch vom Flughafen abgeholt, als ich aus Sardinien nachts heimkam. Ich freute mich so unendlich und dachte, endlich, endlich fangen wir neu an. Aber auf der Fahrt erzählte er mir nur, dass er sich entschlossen hatte, nächstes Jahr Deutschland zu verlassen. Ich hörte zu und mein Kopf wusste, dass von nun an alles mit uns falsch sein würde, denn vorher hatte ich immer noch die Hoffnung gehabt, dass wir doch noch eine normale Beziehung eines Tages hätten. Ich wusste ab dieser Autofahrt, dass sie niemals Wirklichkeit werden würde.

Als ich in seinem Status bei Whatsapp dann sehen musste, wie er mit einer „guten Bekannten" ein Musical besucht hatte, erlitt ich solche Stiche im Herz, dass ich selbst erschrocken war. Ich beendete die Beziehung und war fest entschlossen, mich nie wieder von ihm verletzen lassen zu wollen.

Er rief noch zweimal an und versuchte zu verstehen. Doch ich bat ihn, wenn er mich auch nur wenigstens ein bisschen gerne hätte, möge er nie mehr anrufen.

Seither habe ich auch nichts mehr von ihm gehört.

Aber das ist ja genau das Leben und da bin ich nun mittendrin. Den Schmerz zu spüren war nur möglich, weil ich so glücklich war, wenn auch nur für kurze Zeit. Himmelhochjauchzend zu Tode betrübt, glücklich allein ist die Seele, die liebt! Wie wunderbar von Goethe beschrieben. Kann es etwas Schöneres geben? Nun ja, man könnte den passenden Partner finden, der einen ebenfalls passend findet und mit ihm gemeinsam Höhen und Tiefen erleben. So einfach ist das nicht immer zu finden und bis zu diesem Zeitpunkt sollte man sein Leben so bewusst leben und genießen, wie es eben gerade möglich ist.

Ich bin jedenfalls wieder glücklich. Ich lebe besser ohne ständig in Bereitschaft zu sein, dass er sich melden könnte und der tiefen Traurigkeit, wenn er dies dann doch nicht tat. Denn mit ihm wurde ich in meinem eigenen Leben immer isolierter. Das Lied von Herbert Grönemeyer „Gib mir mein Herz zurück, du brauchst meine Liebe nicht ...“ sang ich auch mit traurigem Herzen immer mit, wenn es im Radio zu hören war und ich konnte genau nachempfinden, warum dieser Text geschrieben wurde. Ich hatte den Kontakt immer schnell beendet, wenn ich merkte, jemand ist verliebt in mich und ich kann nicht das Gleiche zurückgeben, aus Rücksicht, auch wenn ich dabei selbst auf etwas verzichten musste. Alles kann man im Leben eben nicht gleichzeitig haben. Aber nun hatte ich mir selbst mein Herz wieder zurückgenommen und das tat mir sehr gut.

Es gibt auch wirklich schlimmere Schicksale, als Single zu sein. Alles zu seiner Zeit. Bereit und offen zu sein für das Glück, wenn es dann eines Tages kommt, reicht völlig aus.

Nach dieser Begegnung habe ich mein Profil auf der Online-Plattform tatsächlich nach nun vier Jahren löschen lassen. Ich bin weiter dabei, meine Wohnung zu verschönern und neue Kochrezepte auszuprobieren. Mein Bad wird jetzt komplett saniert und ich schreibe endlich mein Buch.

Meine Suche ist zwar immer noch eine Suche, aber letztendlich nur noch zweitrangig. Im Moment steht Wichtigeres an. Ich bin so dankbar für alles Erlebte und ich bin mir inzwischen sicher, meine grandiose Oma hätte sich auch noch auf das eine oder andere Abenteuer mit einem Mann eingelassen, wenn sich ihr die große Auswahl der Online-Suche geboten hätte.

Es gibt aber so viele Menschen, die sich gerade mit anderen Sorgen plagen, die weder ein warmes Bett noch eine warme Wohnung haben und ich heulte, weil ich hier alleine war. Was für eine verrückte Ansicht.

Aber das Schöne ist ja, dass ich eben nicht mehr weine, sondern inzwischen glücklich bin, aber das war schon ein Stück Weg, zu dieser Einsicht zu kommen. Und dazu war es eben auch notwendig, zu dieser Einsamkeit und Traurigkeit zu stehen. Und nicht zuletzt natürlich wieder die Erfahrung der Liebe, die mir Flügel gegeben und mich nach vorne getrieben hat. Der Mensch ist Mensch und wir brauchen einander.

Und ich bereue nichts, denn Wilhelm von Humboldt hat so recht: „Im Grunde sind es doch die Verbindungen mit den Menschen, die dem Leben einen Wert geben.“

Und genau das ist es, der Weg ist das Ziel und ich wünsche allen Singles zur rechten Zeit zu erkennen, wann es sich lohnt, ins Leben zu springen. Ich wünsche uns allen von ganzem Herzen, dass wir nie den Mut verlieren weiter zu hoffen, dass auch wir noch unseren „Lieblingsmenschen“ finden werden. Und sollten Zweifel bestehen, immer den Mut aufzubringen und nachzufragen, vielleicht wartet der Lieblingsmensch in spe genau darauf und traut es sich nur selber nicht. Einmal nachzufragen hat nichts mit Aufdringlichkeit zu tun. Es hilft, nichts bereuen zu müssen über eventuell verpasste Gelegenheiten. Nur Mut!

Und wenn die große Lust der erneuten Suche wieder über mich kommen sollte, dann kann ich wieder online gehen und ein völlig neues aktuelles Profil anlegen und wieder suchen und hoffen, gefunden zu werden, wohlwissend, dass ich nicht vergessen werde zu leben.

Zwischendurch stelle ich mir immer mal wieder die Frage, was werde ich auf dem Sterbebett über meine jetzige Situation und Gefühle denken. Wann ich dort liege, weiß ich nicht, aber dass ich mich eines Tages fragen muss, hast du auch immer so gehandelt, dass dein Gefühl, dein Herz voll dahinter standen, das ist gewiss. Dann werde und will ich zukünftig nichts bereuen.

Diese Frage gab mir letztendlich auch die Antwort, dass es Zeit dafür war, das Unverbindliche zu beenden. Ich war schon wieder dabei, mich fast selbst aufzugeben. Ich sprach zum Schluss schon genau wie er, dass ich gar keine Zeit für einen Partner hätte und gar keinen Mann an meiner Seite wollen würde. Ich redete mir die Situation in seinem Sinne schön. Das war nicht mehr ich.

Beim Schreiben dieses Buches ist mir jedoch klar geworden, dass ich schon einen Mann haben möchte, der zu mir steht, der in mein Leben eintreten und mich in sein Leben hineinlassen will. Liebe braucht eben auch Mut, wenn sie denn vorhanden ist.

Obwohl es wehtat, war es richtig und überreif, diese Beziehung zu beenden. Denn das habe ich nicht verdient, das hat niemand verdient, dass wir auf Dauer kein ernsthaftes Gegenüber zu akzeptieren haben. Wobei ich ihm nicht einmal einen bösen Gedanken unterstellen möchte, denn letztendlich war er zehn Jahre jünger und für ihn - aus seiner Sicht - war ich etwas Ernsthaftes. Nur konnte er nicht mehr geben, es ist

Dank

Danke an all die liebenswerten Menschen, die mir ihr Interesse an meinem Schreiben unermüdlich kundgetan und mich somit immer wieder auf´s Neue motiviert haben. Ohne dieses Interesse gäbe es das Buch in dieser Form wohl nicht.

Danke aber auch vielmals der Lektorin Marianne Hollmann-Wobschall, der ich damals einen ersten Entwurf meines Textes bestehend aus nur 100 Seiten eingereicht hatte und die mit ihren fragenden Kommentaren bei mir eine komplette Überarbeitung mit vielen Ergänzungen auslöste.

Danke an meine Kinder, Mutter, Freundinnen und Testleser:innen, besonders meine engste Freundin hat mich beim Korrigieren unterstützt, was so kaum wieder gutzumachen ist. Füreinander da sein ist unbezahlbar und ein kostbares Geschenk, was ich sehr zu schätzen weiß. Danke!

Danke auch von Herzen dem Renidere Verlag; die sympathische Frau Loos hat mich im rechten Augenblick gefunden und eine gegenseitig wertschätzende wunderbare Zusammenarbeit gestartet. Danke!

Instagram: @annette_katharina_

3. Auflage, 2024

An dieser Stelle auch ein herzliches Dankeschön für die mir erteilte Genehmigung der von mir zitierten Lied-Textstelle von Maite Kelly.

Autorin: Annette Katharina Theil
Layout, Satz u. Gestaltung: Annette Katharina Theil

Sollten Sie Kontakt zu diesem Buch aufnehmen wollen, können Sie sich gerne an den Renidere Verlag über die sozialen Medien oder auch direkt an den Instagram-Account der Autorin wenden : @annette_katharina_

Druck/Verlag/Herausgeber:
Renidere Verlag, Am Felsenkeller 26, 63477 Maintal, Deutschland, Telefon: +49-172-7820440

E-Mail: meinWunsch@renidere-verlag.de
Website: www.renidere-verlag.de

ISBN 978-3-00-069821-7